鲁迅传

许寿裳／著

应急管理出版社
·北京·

图书在版编目（CIP）数据

鲁迅传/许寿裳著. -- 北京：应急管理出版社，2024
ISBN 978 - 7 - 5237 - 0489 - 9

Ⅰ.①鲁… Ⅱ.①许… Ⅲ.①鲁迅（1881 - 1936）—传记 Ⅳ.①K825.6

中国国家版本馆 CIP 数据核字（2024）第 054744 号

鲁迅传

著　　者	许寿裳
责任编辑	陈棣芳
封面设计	宋双成
出版发行	应急管理出版社（北京市朝阳区芍药居 35 号　100029）
电　　话	010 - 84657898（总编室）　010 - 84657880（读者服务部）
网　　址	www.cciph.com.cn
印　　刷	三河市天润建兴印务有限公司
经　　销	全国新华书店
开　　本	880mm×1230mm^1/$_{32}$　印张　10　字数　150 千字
版　　次	2024 年 4 月第 1 版　2024 年 4 月第 1 次印刷
社内编号	20231123　　　　定价　48.00 元

版权所有　违者必究

本书如有缺页、倒页、脱页等质量问题，本社负责调换，电话:010 - 84657880

目 录

上篇　亡友鲁迅印象记

小　引	3
一　剪　辫	4
二　屈原和鲁迅	7
三　杂谈名人	12
四　《浙江潮》撰文	16
五　仙台学医	19
六　办杂志，译小说	23
七　从章先生学	27
八　西片町住屋	31
九　归国在杭州教书	34
十　入京和北上	37
一一　提倡美术	41

一二	整理古籍和古碑	44
一三	看佛经	49
一四	笔名鲁迅	52
一五	杂谈著作	55
一六	杂谈翻译	59
一七	西三条胡同住屋	63
一八	女师大风潮	66
一九	三一八惨案	71
二〇	广州同住	75
二一	上海生活——前五年	79
二二	上海生活——后五年	86
二三	和我的交谊	95
二四	日常生活	101
二五	病　死	107
读后记		116

下篇　我所认识的鲁迅

我所认识的鲁迅	123
怀亡友鲁迅	127
一　三十五年的回忆	127

目 录

　　二　致死之由　131
　　三　生平和著作　135
鲁迅的生活——在北平大学女子文理学院　140
怀　旧　163
关于《弟兄》　169
回忆鲁迅　174
　　一　改造社会思想的伟大　174
　　二　事物价值判断的正确　175
　　三　读书趣味的浓厚　177
鲁迅的几封信　179
　　一　一九二七年广州来信　179
　　二　同上　180
　　三　一九三四年上海来信　182
　　四　同上　183
鲁迅与民族性研究　186
鲁迅的精神　191
鲁迅和青年　199
鲁迅的德行　205
鲁迅的避难生活　209
鲁迅的游戏文章　216
鲁迅的人格和思想　224
《民元前的鲁迅先生》序　233

《鲁迅旧体诗集》序　　　　　　238

《鲁迅旧体诗集》跋　　　　　　240

《鲁迅的思想与生活》自序　　　242

附录一

鲁迅先生年谱　　　　　　　　　247

附录二

鲁迅古诗文的一斑　　　　　　　263

附录三

回忆鲁迅先生　　　　　　　　　271

上篇　亡友鲁迅印象记

小　引

　　鲁迅逝世，转瞬快到十一周年了。那时候我在北平，当天上午便听到了噩音，不觉失声恸哭，这是我生平为朋友的第一副眼泪。鲁迅是我的畏友，有三十五年的交情，竟不幸而先殁，所谓"既痛逝者，行自念也"。因此陆续写了十多篇纪念的文字，如《怀亡友鲁迅》《怀旧》《鲁迅的生活》《回忆鲁迅》《关于〈弟兄〉》《鲁迅和民族性研究》《〈民元前的鲁迅先生〉序》《〈鲁迅诗集〉序》《鲁迅的几封信》等，都是"言之未尽，自视欿然"。近来，好几位朋友要我写这印象记，我也觉得还有些可以写的。只是碌碌少暇，未能握笔，最近景宋通信也说及此事，有"回忆之文，非师莫属"之语；我便立意随时写出，每章只标明目次，不很计其时间之先后。可惜现在身边没有《鲁迅全集》，有时想找点引证，多不可得，这是无可奈何的！

一　剪　辫

一九〇二年初秋，我以浙江官费派往日本东京留学，初入弘文学院豫备日语；鲁迅已经在那里。他在江南班，共有十余人，也正在豫备日语，比我早到半年。我这一班也有十余人，名为浙江班，两班的自修室和寝室虽均是毗邻，当初却极少往来。我们二人怎样初次相见，谈些什么，已经记不清了。大约隔了半年之后吧，鲁迅的剪辫是我对他的印象中要算最初的而且至今还历历如在目前的。

留学生初到，大抵留着辫子，把它散盘在腮门上，以便戴帽。尤其是那些速成班有大辫子的人，盘在头顶，使得制帽的顶上高高耸起，形成一座富士山，口里说着怪声怪气的日本话。小孩们见了，呼作"锵锵波子"。我不耐烦盘发，和同班韩强士，两个人就在到东京的头一天，把烦恼丝剪掉了。那时江南班还没有一个人剪辫的。原因之一，或许是监督——官费生每省有监督一人，名为率领学生出国，其实在东京毫无事情，连言语也不

一 剪 辫

通，习俗也不晓，真是官样文章——不允许吧。可笑的是江南班监督姚某，因为和一位姓钱的女子有奸私，被邹容等五个人闯入寓中，先批他的嘴巴，后用快剪刀截去他的辫子，挂在留学生会馆里示众，我也兴奋地跑去看过的。姚某便只得狼狈地偷偷地回国去了，鲁迅剪辫是江南班中的第一个，大约还在姚某偷偷回国之先，这天，他剪去之后，来到我的自修室，脸上微微现着喜悦的表情。我说："阿，壁垒一新！"他便用手摩一下自己的头顶，相对一笑，此情此景，历久如新，所以我说这是最初的，而且至今还历历如在目前的一个印象。

鲁迅对于辫子，受尽痛苦，真是深恶而痛绝之，他的著作里可以引证的地方很多，记得《呐喊》便有一篇《头发的故事》，说头发是我们中国人的宝贝和冤家。晚年的《且介亭杂文》里有云：

"对我最初提醒了满汉的界限的不是书，是辫子。这辫子，是砍了我们古人的许多头，这才种定了的，到得我有知识的时候，大家早忘却了血史，反以为全留乃是长毛，全剃好像和尚，必须剃一点，留一点，才可以算是一个正经人了。而且还要从辫子上玩出花样来；……"（《病后杂谈之余》）

鲁迅回国之后，照例装假辫子，也受尽侮辱，同书里有云：

"'不亦快哉'！……到了一千九百十一年的双十,后来绍兴也挂起白旗来,算是革命了。我觉得革命给我的好处,最大,最不能忘的是我可以从此昂头露顶,慢慢的在街上走,再不听到什么嘲骂。几个也是没有辫子的老朋友从乡下来,一见面就摩着自己的光头,从心底里笑了出来道：哈哈,终于也有了这一天了。"（同上）

鲁迅的那篇绝笔《因太炎先生而想起的二三事》（《且介亭杂文末编》）有云：

"……假使都会上有一个拖着辫子的人,三十左右的壮年和二十上下的青年,看见了恐怕以为珍奇,或者竟觉得有趣,但我却仍然要憎恨,愤怒,因为自己是曾经因此吃苦的人,以剪辫为一大公案的缘故。我的爱护中华民国,焦唇敝舌,恐其衰微,大半正为了使我们得有剪辫的自由。假使当初为了保存古迹,留辫不剪,我大约是决不会这样爱她的。"

看了上面所引,鲁迅在初剪辫子的时候,那种内心的喜悦,也就可以推测,无怪不知不觉地表现到脸上来了。

二　屈原和鲁迅

鲁迅在弘文学院时，已经购有不少的日本文书籍，藏在书桌抽屉内，如拜伦的诗，尼采的传，希腊神话，罗马神话等等，我看见了这些新书中间，夹着一本线装的日本印行的《离骚》——这本书，他后来赴仙台学医，临行时赠给我了——稍觉得有点奇异。这也是早期印象之一。他曾经对我说过："《离骚》是一篇自叙和托讽的杰作，《天问》是中国神话和传说的渊薮。"所以他的《中国文学史》上，关于《离骚》有这样的话：

"其辞述己之始生，以至壮大，迄于将终，虽怀内美，重以修能，正道直行，而罹谗贼。于是放言遐想，称古帝，怀神山，呼龙虬，思姣女，申纾其心，自明无罪，因以讽谏。次述占于灵氛，问于巫咸，无不劝其远游，毋怀故宇。于是驰神纵意，将翱将翔，而眷怀宗国，终又宁死而不忍去也。"

鲁迅传

他的《中国小说史略》上，关于《天问》说：

"若求之诗歌，则屈原所赋，尤在《天问》中，多见神话与传说，如'夜光何德，死则又育？厥利维何，而顾菟在腹？''鲧何所营？禹何所成？康回凭怒，地何故以东南倾？''昆仑县圃，其尻安在？增城九重，其高几里？''鲮鱼何所？魃堆焉处？羿焉彃日？乌焉解羽？'是也。"

记得郭沫若先生著《庄子与鲁迅》一文，说鲁迅熟于《庄子》，就其文章中惯用《庄子》的词句摘了好多出来，这话是确当的。鲁迅又熟于屈子，我也仿照就其几首旧诗中，很粗略地摘一点出来，以见一斑。其中有全首用骚词，如：

"一枝清采妥湘灵，
九畹贞风慰独醒，
无奈终输萧艾密，
却成迁客播芳馨！"

此外，如：

词 句	诗 题	著作年分
荃不察	自题小像	一九〇三
扶桑	送增田涉君归国	一九三一

二　屈原和鲁迅

美人不可见	无　题	同　上
浩　歌	同　上	同　上
佳　人	送OE君携兰归国	同　上
遗远者	同　上	同　上
湘　灵	湘灵歌	同　上
浩　荡	无　题	一九三二
洞庭木落	同　上	同　上
渺　渺	同　上	同　上
春兰秋菊	偶　成	同　上
华　镫	所　闻	同　上
玄　云	无题二者	同　上
惆　怅	同　上	同　上
无女耀高丘	悼丁君	一九三三
蛾　眉	报载患脑炎戏作	一九三四
众　女	同　上	同　上
芳草变	秋夜有感	同　上

又鲁迅采作《彷徨》题词的是：

"朝发轫于苍梧兮，
夕余至乎县圃。
欲少留此灵琐兮，

鲁迅传

日忽忽其将暮。
吾令羲和弭节兮,
望崦嵫而勿迫。
路曼曼其修远兮,
吾将上下而求索。"

这八句正写升天入地,到处受阻,不胜寂寞彷徨之感。

又鲁迅在北平阜成门内,西三条胡同寓屋书室,所谓"老虎尾巴"者,壁上挂着一副他的集骚句,倩乔大壮写的楹联,其文为:

"望崦嵫而勿迫;
恐鹈鴂之先鸣!"

这表明格外及时努力,用以自励之意。

我早年和鲁迅谈天,曾经问过他,《离骚》中最爱诵的是那几句?他便不假思索,答出下面的四句:

"朝吾将济于白水兮,
登阆风而绁马。
忽反顾以流涕兮,
哀高丘之无女!"

依我想,"女"是理想的化身。这四句大有求不到理想的人誓不罢休之意,所以下文还有"折琼枝以继佩"之句。

至于说"《天问》是中国神话和传说的渊薮",也是正当的。可惜书中至今还有未得其解的地方,自近年来,卜辞出土,新证遂多,使难以索解之文渐次明白了。例如王国维先生考定了《山海经》中屡称帝俊,俊就是帝喾;又所说王亥(《大荒东经》)确是殷代的先祖。于是《天问》中,"该秉季德……恒秉季德……",足以证明了"该"即王亥,乃始作服牛之圣。"恒"是王恒,也是殷的先祖。所以王先生说:

"王亥与上甲微之间,又当有王恒一世,以《世本》《史记》所未载,《山经》《竹书》所不详,而今于卜辞得之;《天问》之辞,千古不能通其解者,而今由卜辞通之,此治史学与文学者所当同声称快也。"

三　杂谈名人

二十世纪初年，我国译界负盛名的有两人：曰严复，曰林纾。鲁迅受过这两人的影响，后来却都不大佩服了。有一天，我们谈到《天演论》，鲁迅有好几篇能够背诵，我呢，老实说，也有几篇能背的，于是二人忽然把第一篇《察变》背诵起来了——

"赫胥黎独处一室之中，在英伦之南，背山而面野，槛外诸境，历历如在几下。乃悬想二千年前，当罗马大将恺撒未到时，此间有何景物：计惟有天造草昧，人功未施，其藉徵人境者，不过几处荒坟，散见坡陀起伏间；而灌木丛林，蒙茸山麓，未经删治如今日者则无疑也。……"

鲁迅到仙台以后，有一次给我通信，还提及《天演论》，开个玩笑。大意是说仙台气候寒冷，每天以入浴取暖。而仙台浴堂的构造，男女之分，只隔着一道矮的木壁。信中有云："同学阳

三　杂谈名人

狂，或登高而窥裸女。"自注："昨夜读《天演论》，故有此神来之笔！"

严氏译《天演论》，自称达旨。为什么称达旨呢？只要取赫胥黎的原本——《进化和伦理学》，和严氏所译一对照，便可了然。原本中只是一节，而译本扩充为一篇。达是达了，究竟不能说是译书的正法。他又译穆勒的《名学》，亚丹斯密的《原富》，斯宾塞的《群学肄言》，甄克思的《社会通诠》，较为进步。总之，他首开风气，有筚路蓝缕之功。鲁迅时常称道他的"一名之立，旬月踟蹰，我罪我知，是存明哲"，给他一个轻松的绰号，叫做"不佞"。——鲁迅对人，多喜欢给予绰号，总是很有趣的。后来，我们读到章太炎先生的《社会通诠商兑》，有云：

"就实论之，严氏固略知小学，而于周秦两汉唐宋儒先之文史，能得其句读矣。然相其文质，于声音节奏之间，犹未离于帖括。申夭之态，回复之词，载飞载鸣，情状可见，盖俯仰于桐城之道左，而未趋其庭庑者也……"

从此鲁迅对于严氏，不再称"不佞"，而改称"载飞载鸣"了。

林纾译述小说有百余种之多，也是首开风气的事业。他不谙原文，系经别人口述，而以古文笔法写出。出版之后，鲁迅每本必读，而对于他的多译哈葛德和科南道尔的作品，却表示不满。

他常常对我说："林琴南又译一部哈葛德！"又因其不谙原文，每遇叙难状之景，任意删去，自然也不以为然。

严林二人之外，有蒋智由，也是一位负盛名的维新人物而且主张革命的。他居东颇久，我和鲁迅时常同往请教的，尤其在章先生上海入狱的时候。他当初还未剪辫，喜欢带一顶圆顶窄檐的礼帽，通俗所谓绅士帽者是。他的诗文清新，为人们所传诵，例如《送匋耳山人归国诗》：

"亭皋飞落叶，鹰隼出风尘。
慷慨酬长剑，艰难付别尊。
敢云吾发短，要使此心存。
万古英雄事，冰霜不足论！"

匋耳山人指吾友陶焕卿，归国是为的运动革命。焕卿名成章，是一位革命元勋，留学未久，即行返国，生平蓬头垢面，天寒时，用草绳做衣带，芒鞋日行八九十里，运动浙东诸县的豪俊起义，屡遭危难，而所向有功。又游南洋群岛，运动侨民。辛亥年自爪哇归时，浙江已反正了，举汤寿潜为都督了，焕卿被任为参议，郁郁不得志，自设光复军总司令部于上海，募兵，为忌者所暗杀。我撰挽联有云："看今日江山光复，如火如荼，到处染我公心血。"观云这首诗的头两句，就很能映出焕卿的时代背景及其一鸣惊人的神采。

三 杂谈名人

又有一首是"金陵有阁祀湘乡曾氏，悬额：'江天小阁坐人豪'，有人以擘窠大字题其上曰：'此杀我同种汉贼曾国藩也。'诗以记之。"

"'江天小阁坐人豪'，
收拾河山奉满朝。
赢得千秋题汉贼，
有人史笔已如刀。"

可是有一次，蒋氏谈到服装问题，说满清的红缨帽有威仪，而指他自己的西式礼帽则无威仪。我们听了，颇感奇怪。辞出之后，鲁迅便在路上说："观云的思想变了。"我点点头。我们此后也不再去。果然，不久便知道他和梁启超组织政闻社，主张君主立宪了。于是鲁迅便给他一个绰号——"无威仪"。

四 《浙江潮》撰文

一九〇二年春，革命元勋章先生避地东京，和国父会见，英杰定交，同谋革命，同时发起"中夏亡国二百四十二年纪念会"以励光复，并且撰书告留学生，极为沈痛。有云："……愿吾滇人无忘李定国，愿吾闽人无忘郑成功，愿吾越人无忘张煌言，愿吾桂人无忘瞿式耜，愿吾楚人无忘何腾蛟，愿吾辽人无忘李成梁！……"鲁迅那时已在东京，当然受到这位革命元勋的莫大的影响。

翌年，章先生在沪，又和同志公开讲演革命，讲稿辄在《苏报》上发表，后来竟成了轰动全国的《苏报》案。章先生和邹容虽因此而入狱，然而革命党的声气从此大盛，和清政府对质于公堂，俨然成了敌国之势。这时候，东京方面，杂志云起，《浙江潮》也出世了。命名之始，就起了两派的争执；温和的一派主张用浙江同乡会月刊之类，激烈的一派大加反对，主张用这个名称，来作革命潮汹涌的象征。起初由孙江东，蒋百里二人主编。

四 《浙江潮》撰文

百里撰《发刊词》，有云："忍将冷眼，睹亡国于生前，剩有雄魂，发大声于海上。"其最引人注意的，是登载章先生狱中的诗四首，最为鲁迅所爱诵，现录两首于下：

"狱中闻湘人杨度被捕有感二首　六月十八日
神狐善埋捐，高鸟喜回翔。
保种平生愿，徵科绝命方。
马肝原识味，牛鼎未忘香。
千载《湘军志》，浮名是锁缰。

衡岳无人地，吾师洪大全。
中兴沴诸将，永夜遂沈眠。
长策惟干禄，微言是借权。
藉君好颈子，来者一停鞭。"

还有章先生的《张苍水集后序》，也是鲁迅所爱诵的，其末段有云：

"……乃夫提师数千，出入江海，一呼南畿，数郡皆蒲伏，至江淮鲁卫诸豪，悉诣军门受约束，群虏窨粟，丧气而不敢动。若公者，非独超跃史何诸将相，虽宋之文李，犹愧之矣。余生后于公二百四十岁，公所挞伐者益衰。然戎夏之辨，九世之仇，爱类之念，犹湮郁于中国。雅人有言：'我不见兮，言从之迈，'欲自杀以从古人也。余不得遭公为执牧围，犹得是编丛杂书数札，庶几明所乡往。有读公书而犹忍与彼虏终古者，非人也！"

这时我和鲁迅已经颇熟，我觉得他感到孤寂，其实我自己也是孤寂的。刚刚为了接编《浙江潮》，我便向他拉稿。他一口答应，隔了一天便缴来一篇——《斯巴达之魂》。他的这种不谦让，不躲懒的态度，与众不同，诺言之迅和撰文之迅，真使我佩服！这篇文是少年作，借斯巴达的故事，来鼓励我们民族的尚武精神。后来他虽自惭幼稚，其实天才没有不从幼稚生长来的。文中叙将士死战的勇敢，少妇斥责生还者的严厉，使千载以下的读者如见其人！

鲁迅又撰一篇《说钿》，这是新元素"镭"的最初的绍介。那时候"镭"刚刚被居里夫妇发见，鲁迅便作文以饷国人，并且唤起纯粹科学研究的重要。

五　仙台学医

鲁迅往仙台学医的动机有四：我在《鲁迅的生活》和《回忆鲁迅》文中已经叙明了。别后，他寄给我一张照片，后面题着一首七绝诗，有"我以我血荐轩辕"之句，我也在《怀旧》文中，首先把它发表过了。现在只想从他的仪容和风度上追忆一下：

鲁迅的身材并不见高，额角开展，颧骨微高，双目澄清如水精，其光炯炯而带着幽郁，一望而知为悲悯善感的人。两臂矫健，时时屏气曲举，自己用手抚摩着；脚步轻快而有力，一望而知为神经质的人。赤足时，常常盯住自己的脚背，自言脚背特别高，会不会是受着母亲小足的遗传呢？总之，他的举动言笑，几乎没有一件不显露着仁爱和刚强。这些特质，充满在他的生命中，也洋溢在他的作品上，以成为伟大的作家，勇敢的斗士——中华民族的魂。

他的观察很锐敏而周到，仿佛快镜似的使外物不能遁形。因之，他的机智也特别丰富，文章上固然随处可见，谈吐上尤其层出不穷。这种谈锋，真可谓一针见血，使听者感到痛快，有一种涩而甘，辣而腴的味道。第三章所举给人绰号，便是一个例子。吾友邵铭之听他的谈话，曾当面评为"毒奇"。鲁迅对这"毒奇"的二字评，也笑笑首肯的。

他在医学校，曾经解剖过许多男女老幼的尸体。他告诉我：最初动手时，颇有不安之感，尤其对于年青女子和婴孩幼孩的尸体，常起一种不忍破坏的情绪，非特别鼓起勇气，不敢下刀。他又告诉我：胎儿在母体中的如何巧妙，矿工的炭肺如何墨黑，两亲花柳病的贻害于小儿如何残酷。总之，他的学医，是出于一种尊重生命和爱护生命的宏愿，以便学成之后，能够博施于众。他不但对于人类的生命，这样尊重爱护，推而至于渺小的动物亦然。不是《呐喊》里有一篇《兔和猫》，因为两个小白兔不见了，便接连说一大段凄凉的话吗？从这一点就可以看出鲁迅的伟大之心！

他学医的成绩很不错，引起同学们一度的嫉妒和侮辱，记得他的《朝花夕拾》里曾经提到。吾友谢似颜觉得最可注意的，是他的伦理学成绩在优等。这话很切当。可见鲁迅不但在说明科学，研究有得，而且在规范科学，也是聚精会神，恢恢乎游刃有余。因之客观方面既能说明事实的所以然，主观方面又能判断其价值。以之知人论世，所以能切中肯綮；以之与人辩驳，所以能论据确凿，自立于不败之地；以之运用于创作，又每有双管齐下之妙。这种造诣，非有得于规范科学，洞悉真善美的价值判断者万不能达到的。

　　鲁迅学医时期的轶事，像水户下车去访朱舜水的遗迹呀，火车上让坐给老妇人，弄得后来口渴想买茶而无钱呀，记得我已经发表过，无须再赘。现在忽然记起一件和我有关的故事来了。一九〇五年春，我在东京高师学校读完了豫科，趁这樱花假期，便和钱均夫二人同往箱根温泉，打算小住十天，做点译书的工作。路上偏遇到大雨，瀑布高高地飞着，云被忽然来裹住了，景色实在出奇。所以我住下旅馆，就写了好几张明信片，寄给东京的友人何燮侯、许缄夫、陈公孟、鲁迅等。——鲁迅在春假中，也来东京，和我同住，不过他学校的假期短，须早回仙台去——报告寓址和冒雨旅行的所见。隔了一、二日，收到友人的回片，或称我们韵人韵事，或羡我们饱享眼福，我看了不以为意。后来，公孟忽然到了，鲁迅也跟着来了。我自然不以为奇。大家忻然围坐谈天，直到夜半。第二天结伴登山，游"芦之湖"，路上还有冰雪的残块，终于爬到山顶。这个湖是有名的囵口湖——我译火山为地囵，译火山喷口为囵口——真是天开图画，风景清丽绝了。一排的旅馆临湖建筑着，我们坐在阳台上，只见四山环抱这个大湖，正面形成一个缺口，恰好有"白扇倒悬东海天"的"富士山"远远地来补满。各人入浴既了，坐对"富士"，喝啤酒，吃西餐，其中炸鱼的味道最鲜美，各人都吃了两份。真的，一直到现在，我实在再没有吃到这里似的好鱼。兴尽下山，大家认为满意，不虚此行。

谁知道公孟之来,原是有"特务"的。因为有章某向同乡造谣,说我们是为的"藏娇"到箱根去的。同乡友人们不相信,公孟也不信,却自告奋勇,要得个真相。鲁迅也不信,说假使真的"藏娇",还会自己来报告寓址吗?天下没有这样傻瓜!果然,后来情形大白了,同乡友人们均鄙视这造谣的人。这件事隔了好久,鲁迅才对我说穿,我们相视大笑!

六　办杂志，译小说

鲁迅在弘文学院的时候，常常和我讨论下列三个相关的大问题：

一、怎样才是最理想的人性？

二、中国国民性中最缺乏的是什么？

三、它的病根何在？

他对这三大问题的研究，毕生孜孜不懈，后来所以毅然决然放弃学医而从事于文艺运动，其目标之一，就是想解决这些问题，他知道即使不能骤然得到全部解决，也求于逐渐解决上有所贡献。因之，办杂志、译小说，主旨重在此；后半生的创作数百万言，主旨也重在此。茅盾先生说得好：

"……我看到了古往今来若干伟大的 Humanist 中间一个——鲁迅先生！"

"古往今来伟大的文化战士，一定也是伟大的 Humanist；换言之，即是'最理想的人性'的追求者，陶冶者，颂扬者。……正因为他们所追求而阐扬者，是'最理想的人性'，所以他们不得不抨击一切摧残，毒害，蔽塞'最理想的人性'之发展的人为的枷锁，——一切不合理的传统的典章文物。这是各时代各民族的 Humanist 所相同的。而鲁迅先生，则于'同'中更有其特殊者在。这特殊的什么，乃是拥有五千年悠久历史而现在则镣索重重的'东方文明'古国之历史的与现实的条件所产生而养育的。讲到什么是'最理想的人性'，中国儒者流确已说得很多；然而这些美丽动听的词句，经过现实的天平，就露了马脚。鲁迅先生指出了'吃人的礼教'，就是批判数千年最有力的美丽动听的儒家的'最理想的人性'的图案和规章，而追问着：'怎样才是最理想的人性？'"

"一切伟大的 Humanist 的事业，一句话可以概括拔出'人性'中的萧艾，培养'人性'的芝兰。然而不是每从事于这样事业的人都明白认出那些'萧艾'是在什么条件之下被扶植而滋长，又在什么条件之下，那些'芝兰'方能含葩挺秀。中国古来的哲人，最缺乏者，就是此种明白的认识。'人性'或'最理想的人性'，原无时空的限制，然而在一定的时间条件之中，会形成'人性'的同中之异，此即所谓国民性或民族性。……"

"鲁迅先生三十年工夫的努力，在我看来，除了其他重大的意义外，尚有一同样或许更重大的贡献，就是给三个相联的问题开创了光辉的道路。……"（《中苏文化》第九卷第二三期合

六　办杂志，译小说

刊——茅盾:《最理想的人性》)

鲁迅想办杂志而未成，记得《呐喊》自序上已有说明：出版期快到了，但最先就隐去了若干担任文稿的人，接着又逃走了资本，结果只余下不名一钱的三个人。这三个人乃是鲁迅及周作人和我。这杂志的名称，最初拟用"赫戏"或"上征"，都采取《离骚》的词句，但觉得不容易使人懂，才决定用"新生"这二字，取新的生命的意思。然而有人就在背地取笑了，说这会是新进学的秀才呢。我还记得杂志的封面及文中插图等等，均已经安排好好的，可惜没有用，而鲁迅做事的井井有条，丝毫不苟，很值得敬佩。

后来他在《河南》杂志撰文，如《科学史教篇》《摩罗诗力说》等，和他的少年作相较已经大有进步了，他深深地慨叹中国的无声，历史上虽伟大作家如屈原，抱九死无悔之贞，而乏反抗挑战之力，这不能不说是国民性缺点之一。有云：

"……惟灵均将逝，脑海波起，通于汨罗，返顾高丘，哀其无女，则抽思哀怨，郁为奇文，茫洋在前，顾忌皆去，怼世俗之浑浊，颂己身之修能，怀疑自遂古之初，直至百物之琐末，放言无惮，为前人所不敢言。然中亦多芳菲凄恻之音，而反抗挑战，则终其篇未能见，感动后世，为力非强。刘彦和所谓'才高者菀其鸿裁，中巧者猎其艳辞，吟讽者衔其山川，童蒙者拾其香草'，皆著意外形,不涉内质,孤伟自死,社会依然,四语之中,函深哀焉,故伟美之声,不震吾人之耳鼓者亦不始于今日。"(《摩罗诗力说》)

鲁迅编译《域外小说集》二册,实在是中国介绍和翻译欧洲新文艺的第一人,我在《鲁迅的生活》中已经论及,现在从略。

七　从章先生学

章太炎先生是革命元勋,同时是国学大师。他的学术之大,可谓前无古人。拙著《章炳麟传》(胜利出版社印行)的《绪言》中说:

"……试看满清一代的学术,惟有语言文字之学,就是所谓小学,的确超轶前贤,光芒万丈,其余多是不振的。其原因就在满洲入关以后,用种种凶暴阴险的手段来消灭我们汉族的民族意识。我们看了足以惊心动魄,例如兴文字狱呀,焚书呀,删改古书呀。民多忌讳,所以歌诗文史趋于枯窳;愚民策行,所以经世实用之学也复衰竭不堪。使一般聪慧的读书人,都只好钻入故纸堆里,做那考据训诂的学问。独有先生出类拔萃,虽则他的入手工夫也是在小学,然而以朴学立根基,以玄学致广大,批判文化,独具慧眼,凡古今政俗的消息,社会文野的情状,中印圣哲的义谛,东西学人的所说,莫不察其利病,识其流变,观其会通,穷其指归。'千载之秘,睹于一曙。'这种绝诣,在清代三百年学术史中没有第二个人。"

章先生出狱以后,东渡日本,一面为《民报》撰文,一面为青年讲学,其讲学之地,是在大成中学里一间教室。我和鲁迅极愿往听,而苦与学课时间相冲突,因托龚未生(名宝铨)转达,希望另设一班,蒙先生慨然允许。地址就在先生的寓所——牛込区二丁目八番地《民报》社,每星期日清晨,我们前往受业,在一间陋室之内,师生环绕一张矮矮的小桌,席地而坐。先生讲段氏《说文解字注》,郝氏《尔雅义疏》等,神解聪察,精力过人,逐字讲释,滔滔不绝,或则阐明语原,或则推见本字,或则旁证以各处方言。自八时至正午,历四小时毫无休息,真所谓"诲人不倦"。其阐明语原,例如说,天得声于囟,地得声于也:

《说文》,囟,头会脑盖也。象形。……囟变为天颠,犹——孳乳为真,齿音敛为舌音也。天,颠也;颠,顶也。……天为人顶,引伸为苍苍者,犹也为女阴,孳乳为地也,初只作囟也而已……(详见《章氏丛书·文始》卷三,囟字)

《说文》,也,女阴也。从乁。象形。乁亦声。此合体象形也。秦刻石作㐃孳乳为地,重浊阴为地。古文地当只作也。……人体莫高于顶,莫下于阴(原注,足虽在下,然四支本可窈舒,故足不为最下,以阴为极),故以题号乾坤。(详见《文始》卷

七　从章先生学

一，也字）

其推见本字，例如说"蝉嫣"，"蝉联"，蝉都是单之借。因为《诗经》"其军三单"，《毛传》训袭，乃是单字的本义。何谓"三单"？说经者以为三辰之旂，未谛，乃是说更番徼调，以后至者充前人之缺，犹今时常备，后备，豫备之制，这是先生的创获之一。

"……单训为袭，是其本义。古文作♉，象其系联也。小篆为单，象古文变其形。《释天》'太岁在卯曰单阏'，孙炎作蝉焉。《方言》：'蝉，联也。'《杨雄传》曰：'有周氏之蝉嫣。'蝉嫣训连，连续即相袭义；此借蝉为单也。《孟子》曰：'唐虞禅，'《汉书·文帝记》曰：'嬗天下。'禅本封禅，嬗本训谖，今以此为继位之义，亦借为单。禅位犹言袭位也。明此，则毛公训单为袭，斯为本义。其军三单者，更番徼调，犹卒更，践更，过更之制，其事易明。……《说文》训大，乃奲之假借也。"（《太炎文录》卷一《与尤莹问答记》，并参阅同卷《毛公说字述》及《文始》卷一单字）

其旁证方言，例如今言"甚么"即"舍"之切音；今言"光蛋"即"矜"之切音；元寒戈歌对转，故今言蘩菜声如波菜；古无轻唇音，故蜚虱本读毕虱。（详见《章氏丛书·新方言》）

章先生讲书这样活泼，所以新谊创见，层出不穷。就是有时随便谈天，也复诙谐间作，妙语解颐。其《新方言》及《小学答问》两书，都是课余写成的，其体大思精的《文始》，初稿也起于此时。我们同班听讲的，是朱蓬仙（名宗莱），龚未生，钱玄同（夏），朱遏先（希祖），周豫才（树人，即鲁迅），周起孟（作人），钱均夫（家治），和我共八人。前四人是由大成再来听讲的。听讲时，以遏先笔记为最勤；谈天时以玄同说话为最多，而且在席上爬来爬去。所以鲁迅给玄同的绰号曰"爬来爬去"。

　　鲁迅听讲，极少发言，只有一次。因为章先生问及文学的定义如何，鲁迅答道："文学和学说不同，学说所以启人思，文学所以增人感。"先生听了说：这样分法虽较胜于前人，然仍有不当。郭璞的《江赋》，木华的《海赋》，何尝能动人哀乐呢。鲁迅默然不服，退而和我说：先生诠释文学，范围过于宽泛，把有句读的和无句读的悉数归入文学。其实文字与文学固当有分别的，《江赋》《海赋》之类，辞虽奥博，而其文学价值就很难说。这可见鲁迅治学"爱吾师尤爱真理"的态度！

八　西片町住屋

一九〇八年春，我结束了东京高师的课业，打算一面补习国文，仍旧就学于章先生之门，一面续习德文，准备往欧洲留学。为要选择一个较优的环境，居然在本乡区西片町寻到一所华美的住宅。这原是日本绅士的家园，主人为要迁居大阪，才租给我的。规模宏大，房间新洁而美丽，庭园之广，花木之繁，尤为可爱，又因为建筑在坂上，居高临下，正和小石川区的大道平行，眺望也甚佳。我招了鲁迅及其弟起孟，钱均夫，朱谋宣共五人居住，高大的铁门旁边，电镀上署名曰"伍舍"。

西片町是有名的学者住宅区，几乎是家家博士，户户宏儒。我们的一家偏是五个学生同居。房屋和庭园却收拾的非常整洁，收房租的人看了也很满意。由西片町一拐弯出去，便是东京帝大的所在，赫赫的赤门，莘莘的方帽子群进群出。此地一带的商店和电车，多半是为这些方帽子而设的。方帽子越是破旧的，越见得他的年级高，资格老，快要毕业了。

鲁迅从小爱好植物，幼年时喜欢看陈淏子的《花镜》等书，常常到那爱种花木的远房叔祖的家，赏玩稀见的植物，又在《朝花夕拾》里，描写幼年读书的家里，一个荒废的"百草园"，是何等的有趣而足以留连！他在弘文学院时代，已经买了三好学的《植物学》两厚册，其中着色的插图很多。所以他对于植物的培养有了相当的素养。伍舍的庭园既广，隙地又多，鲁迅和我便发动来种花草，尤其是朝颜即牵牛花，因为变种很多，花的色彩和形状，真是千奇百怪。每当晓风拂拂，晨露湛湛，朝颜的笑口齐开，作拍拍的声响，大有天国乐园去人不远之感。旁晚浇水，把已经开过的花蒂一一摘去，那么以后的花轮便会维持原样，不会减小。其余的秋花满地，蟋蟀初鸣，也助我们的乐趣！

　　鲁迅生平极少游玩。他在仙台时，曾和同学游过一次松岛，有许多张海上小岛的松林雪景的照片给我看。在东京伍舍时，有一次我和他同游上野公园看樱花，还是因为到南江堂购书之便而去的。上野的樱花确是可观，成为一大片微微带红色的云采。花下的茶肆，接席连茵，铺以红毡，用清茶和樱饼饷客，记得袁文薮曾有《东游诗草》，第一首便是咏上野樱花的：

　　　　阿谁为国竭孤忠，
　　　　铜像魁梧"上野通"，
　　　　几许行人齐脱帽，
　　　　樱花丛里识英雄。

八　西片町住屋

"上野通"是上野大道的意思,西乡隆盛的铜像建立在公园中,日本人对他没有一个不脱帽致敬的。

我和鲁迅不但同居,而且每每同行,如同往章先生处听讲呀;同往读德文呀,——那时俄文已经放弃不读了;又同访神田一带的旧书铺,同访银座的规模宏大的丸善书店呀。因为我们读书的趣味颇浓厚,所以购书的方面也颇广泛,只要囊中有钱,便不惜"孤注一掷",每每弄得怀里空空而归,相对叹道:"又穷落了!"这些苦的经验,回忆起来,还是很有滋味的。

可惜好景不常,盛会难再,到冬时,荷池枯了,菊畦残败了,我们的伍舍也不能支持了,因为同住的朱钱两人先退,我明春要去德国,所以只好退租。鲁迅就在西片町,觅得一所小小的赁屋,预备我们三个人暂时同住,我走以后,则他们兄弟二人同住。我那时对于伍舍,不无留恋,曾套东坡的诗句成了一首《留别伍舍》如下:

"荷尽已无擎雨盖,
菊残犹有傲霜枝。
壶中好景长追忆,
最是朝颜裹露时。"

九　归国在杭州教书

一九〇九年初春，留欧学生监督蒯礼卿辞职，我的学费无着了，只好把欧游临时终止，归国来担任浙江两级师范学堂的教务长了。鲁迅对我说："你回国很好，我也只好回国去，因为起孟将结婚，从此费用增多，我不能不去谋事，庶几有所资助。"他托我设法，我立刻答道："欢迎，欢迎！"我四月间归国就职，招生延师，筹备开学，其时新任监督是沈衡山先生，对于鲁迅一荐成功，于是鲁迅就在六月间归国来了。我在《关于（弟兄）》文中，有一段说道：

……鲁迅在东京不是好好的正在研究文艺，计划这样，计划那样吗？为什么要"归国，任浙江两级师范学堂生理学化学教员"呢？就因为作人那时在立教大学还未毕业，却已经和羽太信子结了婚，费用不够了，必须由阿哥资助，所以鲁迅只得自己牺牲了研究，回国来做事。鲁迅《自传》中，所谓"终于，因为我

九　归国在杭州教书

的母亲和几个别人很希望我有经济上的帮助,我便回到中国来"。"几个别人"者,作人和羽太信子也。……

鲁迅教书是循循善诱的,所编的讲义是简明扼要,为学生们所信服。他灯下看书,每至深夜,有时还替我译讲义,绘插图,真是可感!到了冬天,学校里忽然起了一个风潮,原因由于监督易人:衡山先生被选为谘议局副议长了,继任者是一位以道学自命的夏震武,我们名之曰"夏木瓜"。到校的一天,他要我陪同谒圣,我拒绝了,说开学时已经拜过孔子,恕不奉陪。他很不高兴,我也如此。接着因为他对于住堂的教员们,仅仅差送一张名片,并不亲自拜会,教员们大哗,立刻集会于会议厅,请他出席,他还要摆臭架子,于是教员们一哄而散。我因为新旧监督接替未了,即向旧监督辞职,不料教员们也陆续辞职,鲁迅便是其中之一。教员计有朱希祖,夏丏尊,章钦,张宗祥,钱家治,张邦华,冯祖荀,胡濬济,杨乃康,沈朝斋……,统统搬出了校舍,表示决绝。夏震武来信骂我是"离经畔道,非圣侮法",简直是要砍头的罪名,我便报以"理学欺人,大言诬实"。使得他只好勉强辞职,我们便回校,回校后开了一个"木瓜纪念会"。

鲁迅最富于正义感,义之所在,必尽力以赴,不畏强御而强御畏之。那时候他在家乡也遇到这样的事:他的外家在安桥头,《社戏》中所描写的乡间景色,便是这里的景色。其舅氏鲁寄湘是个书生而擅长中医,和中药店伙章某相友善。章某怂恿他在镇塘殿开个药店，章某自荐可以任经理；其地离安桥头不过三里，舅氏可以随时前往，为人诊病，以资消遣；言之成理，小店遂开成了。不料章某自便私图，在几个月内就盗弄一空，舅氏看事无可为，赶快把店铺收歇了。章某还不满意，看得舅氏忠厚可欺，又怂恿孙断市有大势力的孙某，假借市商务分会的名义来反对歇业，定期开会，通知舅氏出席，打算和他为难。舅氏大窘，特地来和鲁迅商量对付之法。鲁迅说这事理直气壮，毫无可怕，我就可做你的代表出席。届时，鲁迅便单身独往，等候到晚，竟没有一个人来会，鲁迅自行回去了，此事也就风平浪静了。

鲁迅极少游览，在杭州一年之间，游湖只有一次，还是因为应我的邀请而去的。他对于西湖的风景，并没有多大兴趣。"保俶塔如美人，雷锋塔如醉汉"，虽为人们所艳称的，他却只说平平而已；烟波千顷的"平湖秋月"和"三潭印月"，为人们所留连忘返的，他也只说平平而已。

十　入京和北上

中华民国元年一月一日临时政府成立，定都南京，蔡子民先生任教育总长。其时一切草创，规模未具，部中供给膳宿，每人仅月支三十圆。我被蔡先生邀至南京帮忙，草拟各种规章，日不暇给，乘间向蔡先生推荐鲁迅。蔡说："我久慕其名，正拟驰函延请，现在就托先生——蔡先生对我，每直称先生——代函敦劝，早日来京。"我即连写两封信给鲁迅，说蔡先生殷勤延揽之意。鲁迅在《朝花夕拾·范爱农》有说：

……然而事情很凑巧，季茀写信来催我往南京了。爱农也很赞成，但颇凄凉，说：
"这里又是那样，住不得，你快去罢……"
我懂得他无奈的话，决计往南京。

不久，鲁迅来京了，我们又复聚首，谈及故乡革命的情形，多属滑稽而可笑。我们白天则同桌办公，晚上则联床共话，暇时或同访图书馆，鲁迅借抄《沈下贤集》《唐宋传奇集》所收的《湘中怨辞》《异梦录》《秦梦记》，就在这时抄写的。或同寻满清驻防旗营的废址，只看见一片焦土，在瓦砾堆中，有一二年老的满洲妇女，住在没有门窗的破屋里，蠕蠕而动，见了我们，其惊惧似小鼠，连说没有什么，没有什么。鲁迅为我讲述当年在路矿学堂读书，骑马过旗营时，老是受旗人的欺侮，言下犹有余恨。后来蔡先生被命北上，迎接袁世凯去了，次长景耀月来代理部务。此人好大喜功，只知扩充自己势力，引用私人，忽然开会议要办杂志了，鲁迅不很睬他，他也太不识人，据说暗中开了一大张名单，送请大总统府任命，竟把周树人的姓名无端除去。幸而蔡先生就回来了，赶快把这件事撤销，否则闹成大笑话了。

四月中，我和鲁迅同返绍兴，五月初，同由绍兴启程北上，还有蔡谷清和舍侄世瑢同行。记得在上海登轮之前，鲁迅买了一部有正书局出版的《红楼梦》，以备船中翻阅。在分配舱位时，鲁迅忽发妙语说："我睡上铺，谷清是被乌龟背过了的，我不愿和他同房。"于是他和舍侄住一间，我和谷清住一间。至于"乌龟背过"，乃系引用谷清的自述，说从前在北京时，曾到八大胡同妓院吃花酒，打茶围，忽遇骤雨，院中积水，无法出门了，由妓院男子背负涉水而出。鲁迅偶然想起提出，也是一种机智，令人发笑。

到京后，同住山会邑馆，其时已改为绍兴会馆，先兄铭伯先

十 入京和北上

生原居在此——嘉荫堂,现在我们兄弟二人同住,舍侄住对面的绿竹舫,鲁迅住藤花馆。先兄和鲁迅一见如故,谈话很投机,此后过从也很密。鲁迅看见先兄的书桌上,放置着《越中先贤祠目序例》多册,便索取了一册去,这是到京馆第一天的印象。

《越中先贤祠目序例》,会稽李慈铭编撰。祠目以西汉的西域都护郑吉为首,直至清代为止,自言选择审慎,惟其摈斥王充,见解殊嫌迂陋。祠屋门口的楹联,也是慈铭所撰,徵引乡邦文献,自铸伟辞,可见工力。现在抄录于下:

溯君子六千人,自教演富中,醪水脂舟,魁奇代育,有谢氏传,贺氏赞,虞公典录,钟离后贤,暨孙问王赋以来,接迹至熙朝,东箭南璆,三管豪耑长五色。

表镇山一十道,更瑞图王会,簠金盦玉,钟毓尤灵,况渐名江,镜名湖,宛委洞天,桐柏仙室,应婺宿斗维而起,翘英偏京国,殊科合辙,一堂挚下共千秋。

鲁迅籍隶会稽,对于乡邦文献,也是很留意的。李周二人,后先辉映,实为吾越之光。鲁迅撰集先贤的逸文,足供后人瞻仰景行,所刊的《会稽郡故书杂集》,便是一个例子。其序文有曰:

……是故序述名德,箸其贤能,记注陵泉,传其典实,使后人穆然有思古之情,古作者之用心至矣!其所造述虽多散亡,而逸文尚可考见一二。存而录之，或差剩于泯绝云尔。因复撰次写定，计有八种。诸书众说，时足参证本文，亦各最录，以资省览。书中贤俊之名，言行之迹，风土之美，多有方志所遗，舍此更不可见。用遗邦人，庶几供其景行，不忘于故。……

文中所谓八类，是谢承的《会稽先贤传》，虞预的《会稽典录》，钟离岫的《会稽后贤传记》，贺氏的《会稽先贤像赞》，朱育的《会稽土地记》，贺循的《会稽记》，孔灵符的《会稽记》，夏侯曾先的《会稽地志》。这部《会稽郡故书杂集》，民国三年用周作人的名刊行，即此就可以见得鲁迅的牺牲精神，而以名利让给其弟。

一一　提倡美术

教育总长蔡子民先生就职以后，即竭力提倡"以美育代宗教"，因为美感是普遍性，可以破人我彼此的偏见；美感是超越性，可以破生死利害的顾忌，在教育上应特别注重。在政务百忙之中，自撰《对于教育方针之意见》，说："教育界所提倡之军国民主义及实利主义，固为救时之必要，而不可不以公民道德为中坚；欲养成公民道德，不可不使有一种哲学上之世界观与人生观，而涵养此等观念，不可不注重美育。"又说："美育为美感之教育。美感者，合美丽与尊严而言之，介乎现象世界与实体世界之间而为津梁。……在现象世界，凡人皆有爱恶惊惧喜怒哀乐之情，随离合生死祸福利害之现象而流转。至美术则以此等现象为资料，而能使对之者自美感以外，一无杂念。例如……火山赤舌，大风破舟，可骇可怖之景也，而一入图画则转堪展玩。"

这种教育方针，当时能够体会者还很寥寥，惟鲁迅深知其原意；蔡先生也知道鲁迅研究美学和美育，富有心得，所以请他担任社会教育司第一科科长，主管图书馆博物馆美术馆等事宜。因之鲁迅在民元教育部暑期演讲会，曾演讲美术，深入浅出，要言不烦，恰到好处，这是他演讲的特色。他并且写出一篇简短的文言文，登载在教育部民元出版的一种汇报。这汇报只出了两册，便中止了。我近年来遍搜未得，耿耿于心——廿七年编印的《鲁迅全集》内未经收入。记得鲁迅这篇文章之中，说到刻玉为楮叶，可以乱真，桃核雕文章，可逾千字，巧则巧矣，不得谓之美术。深愿在最近的将来，这两册汇报，能够觅到，也是捃逸补遗的一种工作。

鲁迅的爱好艺术，自幼已然，爱看戏，爱描画，中年则研究汉代画像，晚年则提倡版画，工作的范围很广，约略言之：（一）搜集并研究汉魏六朝石刻，不但注意其文字，而且研究其画像和图案，是旧时代的考据家赏鉴家所未曾着手的。他曾经告诉我：汉画像的图案，美妙无伦，为日本艺术家所采取。即使是一鳞一爪，已被西洋名家交口赞许，说日本的图案如何了不得，了不得，而不知其渊源固出于我国的汉画呢。（二）搜集并印行近代木刻，如"北平笺谱"等。（三）奖掖中国青年木刻家，不但创办木刻讲习会，自己担任口译，使他们得以学习；创开各国名画展览会，使他们有所观摩；对于本国新进者的作品，鼓舞批评，不加客气。（四）介绍外国进步作家的版画，例如精印《凯绥·珂勒惠支版画选集》，这位有丈夫气概的女子作品实在伟大，这本精印的选集实可宝贵，"只要一翻这集子，就知道她以深广

一一　提倡美术

的慈母之爱，为一切被侮辱和报害者悲哀，抗议，愤怒，斗争；所取的题材大抵是困苦，饥饿，流离，疾病，死亡，然而也有呼号，挣扎，联合和奋起……"（《且介亭杂文末编·〈凯绥·珂勒惠支版画选集〉序目》）。说到这本选集，永远引起我的悲痛，记得廿五年七月底，我从嘉兴回北平，道经上海，往访鲁迅，盘桓了一日。这时候，他大病初愈，选集初印得，装订成册的还只有几本，他便挑选了一本赠我，亲手题几行小启，曰："印造此书，自去年至今年，自病前到病后，手自经营，才得成就，持赠季茀一册，以为纪念耳。"晚九时后，我将去上沪平夜车了，手执这本巨大宝贵的书，握手告别，又喜悦，又惆怅。景宋为我叫汽车，鲁迅送我到门口，还问我几时回南，那里知道这便是永诀呢！痛哉！

一二　整理古籍和古碑

自民二以后，我常常见鲁迅伏案校书，单是一部《嵇康集》，不知道校过多少遍，参照诸本，不厌精详，所以成为校勘最善之书。其序文有云："……今此校定，则排摈旧校，力存原文。其为浓墨所灭，不得已而从改本者，则曰字从旧校，以著可疑。义得两通，而旧校辄改从刻本者，则曰各本作某，以存其异……"并作《逸文考》《著录考》各一卷附于末尾，便可窥见他的工夫的邃密。

老实说，鲁迅对于汉魏文章，素所爱诵，尤其称许孔融和嵇康的文章，我们读《魏晋风度及文章与药及酒之关系》(《而已集》)，便可得其梗概。为什么这样称许呢？就因为鲁迅的性质，严气正性，宁愿覆折，憎恶权势，视若蔑如，皓皓焉坚贞如白玉，懔懔焉劲烈如秋霜，很有一部分和孔嵇二人相类似的缘故。

此外，鲁迅辑录《谢承后汉书》，尚未印行。《会稽郡故书杂集》已说在前。又，搜辑并考证历代小说史料，计有《古小说钩沈》《唐宋传奇集》《小说旧闻钞》三部,是他的《中国小说史略》的副册。搜罗的勤勉,考证的认真,允推独步。近年来研究小说者虽渐次加多了,宋以后的史料虽有新获了,但是搜辑古逸之功,还未见有能及鲁迅的呢。

至于鲁迅整理古碑,不但注意其文字,而且研究其图案,已略述于前章。即就碑文而言,也是考证精审,一无泛语,如《南齐吕超墓志跋》便是一例。这篇跋文,全集中未经收入——其实,鲁迅的汉魏六朝石刻研究,书未完成,故不付印。我知道吕超墓志石出土以后,经年即为舍亲顾鼎梅所得,藏在杭州,舍亲范鼎卿及鲁迅均有跋文,考证详明,两人不谋而合。鼎梅曾将这两篇跋文付石印,因即驰书商索,承其寄示,不禁狂喜。志文十五行,每行十九字,可释者仅仅百余字。现在先抄可释之字,后录鲁迅所撰全文如下:

□□墓志
故龙□将军隋郡王国中军吕府君讳超□□□
□东平人也胄兴自姜奄有营北飞芳□□□□
□□□□□因官即邦今居会稽山阴县□□□
□□□□□□令誉早宣故孝弟出于天性□□
□□□□□□风猷日新而修尠有期春□□□
□□□□□岁在己巳夏五月廿三日□□□□
□□□□□一年冬十一月丙□□□□□□□

鲁迅传

□□□□□同录中军将军刘□□□□□□□
□□□□金石□志风烈者□□□□□□□
□□蔼蔼清猷白云排岫出□□□□□□
□□嘉□知□应我□□□□□□□□□
□□□其□春□□□□□□□□□□□
□□□□□□□□□□□□□□□□□
□□□□夕悄松□□□□□□□□□□

鲁迅跋文

  吕超墓志石，于民国六年出山阴兰上乡。余从陈君古遗得打本一枚，以漫漶难读，久置箧中。明年徐吕愻先生至京师，又与一本。因得校写，其文仅存百十余字，国号年号俱泐，无可冯证。唯据郡名及岁名考之，疑是两齐永明中刻也。按随国，晋武帝分义阳立，宋齐为郡，隋为县。此云隋郡，当在隋前。南朝诸王分封于随者惟宋齐有之。此云隋郡土国，则又当在梁陈以前。《通鉴目录》，宋文帝元嘉六年，齐武帝永明七年，并太岁在己巳。《宋书·文帝纪》，元嘉二十六年冬十月，广陵王诞改封隋郡王。又《顺帝纪》，升明二年十二月改封南阳王翙为随郡王，改随阳郡，其时皆在己巳后。《南齐书·武帝纪》，建元四年六月，进封枝江公子隆为随郡王。子隆本传云，永明三年为辅国将军，南琅琊彭城二郡太守，明年迁江州刺史，未拜，唐寓之贼平，迁为持节，督会稽东阳新安临海永嘉五郡东中郎将，会稽太守。

《祥瑞志》云，永明五年，山阴孔广家园桎树十二层，会稽太守随王子隆献之，与传合。子隆尝守会稽，则其封国之中军，因官而居山阴，正事理所有。故此己巳者，当为永明七年。五月廿三为卒日。□一年者，十一年。《通鉴目录》永明十一年十戊寅，十二丁丑朔，则十一月为戊申朔，丙寅为十九日，其葬日也。和帝为皇子时，亦封随郡王，于时不合。唐开元十八年己巳，二十一年十一月丙寅朔，与志中之□一年冬十一月丙寅颇近，然官号邵名，无不格迕，若为迁窆，则年代相去又过远，殆亦非矣。永明中，为中军将军见于纪传者，南邵王长懋，王敬则，阴智伯，庐陵王子卿。此云刘□，泐其名，无可考。□志风烈者云以下无字。次为铭辞，有字可见者四行，其后余石尚小半。六朝志例，铭大抵不溢于志，或当记妻息名字，今亦俱泐。志书随为隋，罗泌云，隋文帝恶随从辵足改之。王伯厚亦讥帝不学。后之学者，或以为初无定制，或以为音同可通用，至徵委蛇委随作证。今此石远在前，已如此作，知非随文所改。《隶释·张平子碑颂》，有"在珠咏隋，于璧称和"语。隋字收在刘球《隶韵》正无乏，则晋世已然。作随作隋作陏，止是省笔而已。东平本兖州所领郡，宋末没于魏，《南齐书·州郡志》，言永明七年，因光禄大夫吕安国启立于北兖州。启有云"臣贱族桑梓，愿立此邦"，则安国与超盖同族矣。与石同出圹中者，尚有瓦甖铜竟各一牧。竟有铭云："郑氏作镜幽冻三商幽明镜"十一字，篆书，俱为谁何毁失。附讥于此，使后有考焉。

以上是鲁迅跋文，考证工夫邃密如此！

范鼎卿跋文也很是详赡，以史志互证，确定吕超的时代及卒葬月分，和鲁迅所考全同。范跋有云："文内有中军将军刘□□，其名已泐，当为撰志之人。今就精拓石本细审之，刘字下尚有玄字之笔道可辨。考《南齐书》有刘玄明者，临淮人，为山阴令，大著名绩，附傅琰传。《南史》载刘玄明为山阴令，政为天下第一，终于司农卿。盖吕超为山阴人，玄明曾宰是邑，与超有旧，故于葬时为之撰志，而其时玄明已任中军将军，未几殆即改官司农矣（中军将军与司农卿，官秩并为第三品）。夫吕超为故乡人物，而撰文者又属前代名宦，则此志之可贵为何如也。"

一三　看佛经

　　民三以后，鲁迅开始看佛经，用功很猛，别人赶不上。他买了《瑜伽师地论》，见我后来也买了，劝我说道："我们两人买经不必重复。"我赞成，从此以后就实行，例如他买了《翻译名义集》，我便不买它而买《阅藏知津》，少有再重复的了。他又对我说，"释伽牟尼真是大哲，我平常对人生有许多难以解决的问题，而他居然大部份早已明白启示了，真是大哲！"但是后来鲁迅说："佛教和孔教一样，都已经死亡，永不会复活了。"所以他对于佛经只当做人类思想发达的史料看，藉以研究其人生观罢了。别人读佛经，容易趋于消极，而他独不然，始终是积极的。他的信仰是在科学，不是在宗教。

　　鲁迅最后给我的一封信，还说到佛教。我因为章先生逝世，写了一篇《纪念先师章太炎先生》，中间引用先生"以佛法救中国"之言。鲁迅看了，不以为然，写信告诉我，另外说到纪念先生的方法，特抄录于下：

季茀兄：

得《新苗》，见兄所为文，甚以为佳，所未敢苟同者，惟在欲以佛法救中国耳。

从中更得读大炎先生狱中诗，卅年前事，如在眼前。因思王静安没后，尚有人印其手迹；今太炎先生诸诗及《速死》等，实为贵重文献，似应乘收藏者多在北平之便，汇印成册，以示天下，以遗将来。故宫博物馆（院）印刷局，以玻璃板印盈尺大幅，每百枚五元，然则五十幅一本，百本印价，不过二百五十元，再加纸费，总不至超出五百，向种种关系者募捐，当亦易集也。此事由兄发起为之，不知以为何如？

与革命历史有关之文字不多，则书简，文稿，册页，亦可收入，曾记有为兄作汉《郊祀歌》之篆书，以为绝妙也。倘进行，乞勿言由我提议，因旧日同学，多已崇贵，而我为流人，音问久绝，殊不欲以此溷诸公之意耳。

贱恙时作时止，毕究如何，殊不可测，只得听之。

专此布达，并请道安。

弟飞顿首
九月二十五日

这封信，在我所得鲁迅给我的诸信中，是最后的一封。九月二十五日，离他十月十九日去世，仅仅二十四天。我知道鲁迅的那篇《关于太炎先生二三事》，是看了我的这篇纪念文才作的。

因为我文中引用了先生的狱中诗,鲁迅跟着也引用,故有"卅年前事,如在眼前"的话。这《狱中诗》四首,本系先生在狱中写寄蒋观云的。我由观云处索得,登入《浙江潮》,手迹则由我收藏,弥足宝贵,所以在鲁迅信中有"汇印成册"的提议。

鲁迅读佛经,出然是受章先生的影响。先生在西狱三年,备受狱卒的陵暴。邹容不堪其虐,因而病死。先生于做苦工之外,朝夕必研诵《瑜伽师地论》,悟到大乘法义,才能克服苦难,期满出狱后,鼓动革命的大业。先生和鲁迅师弟二人,对于佛教的思想,归结是不同的:先生主张以佛法救中国,鲁迅则以战斗精神的新文艺救中国。

一四　笔名鲁迅

我自民六秋，于役南昌，和鲁迅别开三年。在这中间，鲁迅的生活起了大变化，前后可以画分为两段：前者是摩挲古碑，后者是发表创作。这个变化即发表创作，是《呐喊》序文所谓"老朋友金心异"——按即玄同——的催促怂恿与有力的。创作的开始在民七四月，发表在同年五月号的《新青年》，正是五四运动的前一年。其第一篇《狂人日记》（《呐喊》），是借了精神迫害狂者来猛烈地掊击过去传统和礼教的弊害，开始用"鲁迅"作笔名。我说过："这是鲁迅生活上的一个大发展，也是中国文学史上应该大书特书的一章。因为从此，文学革命才有了永不磨灭的伟绩，国语文学才有了不朽的划时代的杰作，而且使他成为我们中国思想界的先知，民族解放上最勇敢的战士。"我当时在南昌，读到这篇《狂人日记》，所说他和人们没有什么仇，"只有廿年以前，把古久先生的陈年流水簿子踹了一脚，古久先生很不高兴。"又说，"没有吃过人的孩子，或者还有？救救孩子……，"说穿了

一四　笔名鲁迅

吃人的历史，于绝望中寓着希望，我大为感动。

觉得这很像周豫才的手笔，而署名却是姓鲁，天下岂有第二个豫才乎？于是写信去问他，果然回信来说确是"拙作"，而且那同一册里有署名唐俟的新诗也是他做的。到了九年的年底，我们见面谈到这事，他说："因为《新青年》编辑者不愿意有别号一般的署名，我从前用过迅行的别号是你所知道的，所以临时命名如此：理由是（一）母亲姓鲁，（二）周鲁是同姓之国，（三）取愚鲁而迅速之意。""至于唐俟呢？"他答道："哦！因为陈师曾（衡恪）那时送我一方石章，并问刻作何字，我想了一想，对他说，'你叫做槐堂，我就叫俟堂罢。'"我听到这里，就明白了这"俟"字的涵义，那时部里的长官某颇想挤掉鲁迅，他就安静地等着，所谓"君子居易以俟命"也。把"俟堂"两个字颠倒过来，堂和唐这两个字同声可以互易，于是成名曰"唐俟"。周，鲁，唐又都是同姓之国也。可见他无论何时没有忘记破坏偶像的意思。（拙著《鲁迅的生活》）

这样用母姓的事，以后就很多。不是蔡孑民先生晚年署名曰"周子余"吗？有一个蔡先生的熟人，不明这个底细，便向蔡先生开玩笑，说"你现在也姓了周吗？哈哈。"因为他只知道蔡夫人是姓周，而不知其母夫人姓什么。蔡先生乃正色答道："这因为先母姓周……"那位熟人听了，立刻肃然道歉而退。

因为鲁迅只是笔名,所以鲁迅不愿意别人把鲁迅上面再冠一个周字的。而且他自己的署名总是仍用树人,凡有给我的信署名都是如此,但是自从十九年三月以后,则不得已而用种种化名,如"索士""树""迅""飞"……这是为免除收信者横受嫌疑计,用意是很周到的。

说到鲁迅笔名,我还记起一件小小的故少事:十八年夏,鲁迅至北平省亲回来,对我说:"我为了要看旧小说,至孔德学校访隅卿,玄同忽然进来,唠叨如故,看见桌子上放着一张我的名片,便高声说:'你的名字还是三个字吗?'我便简截地答道:'我的名片从来不用两个字,或四个字的。'他大概觉得话不投机,便出去了……。所谓用两个字或四个字,乃是微微刺着玄同的名片,时而作"钱夏",时而作"玄同",时而作"疑古玄同"。《两地书》一二六有云:"涂次往孔德学校,去看旧书,遇金立因,胖滑有加,唠叨如故,时光可惜,默不与谈……,"便是指玄同而言。直到鲁迅去世了,玄同作文追悼,还提及这件小小的故事呢。

一五　杂谈著作

据我所知，鲁迅的著作有好多篇是未完成的。他对我说过，想要做一部《中国字体发达史》，在开始说明字的起原，就感觉得资料不足。甲骨文中所见的象形，"都已经很进步了，几乎找不出一个原始形态。只在铜器上，有时还可以看见一点写实的图形，如鹿，如象，而从这图形上，又能发见和文字相关的线索！中国文字的基础是'象形'。"我答道诚然，像西班牙亚勒泰米拉（Altamira）洞里的野牛形，在中国的实物上似乎还没有找到。他这部字体发达史，终于没有写出，只在《门外文谈》(《且介亭杂文》)中略现端倪。用"门外"二字作题目，虽说是由于门外乘凉的漫谈，但其实也含着自谦的美意啊。

鲁迅想要做《中国文学史》分章是（一）从文字到文章，（二）诗无邪（《诗经》），（三）诸子，（四）从《离骚》到《反离骚》，（五）酒、药、女、佛（六朝），（六）廊庙和山林。其大意也曾片段地对我说过。关于诸子者，他说杨子为我，只取他自己明白，当然不会著书；墨子兼爱，必使人人共喻，故其文词丁宁反复；老子的"无为而无不为"，总嫌其太阴柔；庄子的文词深闳放肆，则入于虚无了。关于《反离骚》者，以为杨雄摭《离骚》而反之，只是文求古奥，使人难懂，所谓"昔仲尼之去鲁兮，斐斐迟迟而周迈，终回复于旧都兮，何必湘渊与涛濑"。但假使竟没有可以回复之处，那将如何呢？《离骚》而至于《反离骚》，《恨赋》而至于《反恨赋》，还有什么意思呢？关于酒和药者，他常常和我讨论，说魏晋人的吃药和嗜酒，大抵别有作用的，他们表面上是破坏礼教，其实是拥护礼教的迂夫子。他那篇《魏晋风度及文章与药及酒之关系》(《而已集》)，便是这部文学史的一部分。至于全集所载的《汉文学史纲要》乃是用作讲义，很简单的。

有人说鲁迅没有做长篇小说是件憾事，其实他是有三篇腹稿的，其中一篇曰《杨贵妃》。他对于唐明皇和杨贵妃的性格，对于盛唐的时代背景，地理，人体，宫室，服饰，饮食，乐器以及其他用具……统统考证研究得很详细，所以能够原原本本地指出坊间出版的《长恨歌画意》的内容的错误。他的写法，曾经对我说过，系起于明皇被刺的一刹那间，从此倒回上去，把他的生平一幕一幕似的映出来。他看穿明皇和贵妃两人间的爱情早就衰歇了，不然何以会有"七月七日长生殿"，两人密誓愿世世为夫妇的情形呢？在爱情浓烈的时候，那里会想到来世呢？他的知人论世，总是比别人深刻一层。

一五 杂谈著作

鲁迅对我说:"胡适之有考证癖,时有善言,但是对于《西游记》,却考证不出什么。"我问孙悟空的来历是否出于印度的传说,他答道亦有可能,但在唐人传奇中,已可寻出其出处。李公佐的《古岳渎经》所谓禹"获淮涡水神名'无支祁',善应对言语,辨江淮之浅深,原隰之远近。形若猿猴,缩鼻高额,青躯白首,金目雪牙,颈伸百尺,力逾九象,搏击腾踔疾奔,轻利倏忽,闻视不可久"即是。这件禹伏无支祁的故事,历经演化,宋时又传为僧伽降水母,又得吴承恩的描写,遂成为神通广大的孙悟空了。

鲁迅编《莽原》杂志和《国民新报副刊》时,曾经几度怂恿我去投稿,劝我多写杂文,不要矜持,但是我因行文拙钝,只投过几篇:《论面子》《论翻译之难》……而已。鲁迅则行文敏捷,可是上述的好多篇腹稿和未成稿,终于没有写出,赍志以殁了。其原因:(一)没有余暇。因为环境的艰困,社会政治的不良,自己为生活而奋斗以外,还要帮人家的忙,替别人编稿子,改稿子,绍介稿子,校对稿子,一天忙个不了。他从此发明了一种战斗文体——短评,短小精悍,有如匕首,攻击现实,篇篇是诗,越来越有光采,共计有十余册之外,再没有工夫来写长篇了,真是生在这个时代这个地方所无可奈何的!(二)没有助手,他全集二十大册,约六百万言,原稿都是用毛笔清清楚楚地手写的。此外,日记和书简,分量也很可观。浅见者说鲁迅的创作只有七大册,翻译多于创作,似乎还比不上外国文豪们的著作等身;殊不知照一个人的精力，时间和事务比例起来，是做不了这许多的。他们誊稿和写信，或许有书记助手可以代劳，但是鲁迅只有他自己一个人。

鲁迅的著作，国际间早已闻名了。记得一九二五年，他做了《自传》和《俄文译本〈阿Q正传〉序》，属我代写一份，因为译者王希礼要把它影印出来，登在译本的卷头。他曾告诉我："瑞典人S托人来徵询我的作品，要送给'管理诺贝尔文学奖金委员会'，S以为极有希望的，但是我辞谢了。我觉得中国实在还没有可得诺贝尔奖金的人，倘因为我是黄色人种，特别优待，从宽入选，反足以增长中国人的虚荣心，以为真可与别国媲美了，结果将很糟。……"这是何等谦光，又是何等远见！他又告诉我："罗曼·罗兰读到敬隐渔的法译《阿Q正传》说道，'这部讽刺的写实作品是世界的，法国大革命时也有过阿Q，我永远忘记不了阿Q那副苦恼的面孔。'因之罗氏写了一封给我的信托创造社转致，而我并没收到。因为那时创造社对我笔战方酣，任意攻击，便把这封信抹煞了。……"鲁迅说罢一笑，我听了为之怅然。

一六　杂谈翻译

　　鲁迅自从办杂志《新生》的计划失败以后，不得已而努力译书，和其弟作人开始介绍欧洲新文艺，刊行《域外小说集》，相信这也可以转移性情，改造社会的。他们所译偏于东欧和北欧的文学，尤其是弱小民族的作品，因为它们富于挣扎、反抗、怒吼的精神。鲁迅所译安特来夫的《默》和《谩》，迦尔洵的《四日》，我曾将德文译本对照读过，觉得字字忠实，丝毫不苟，无任意增删之弊，实为译界开辟一个新时代的纪念碑，使我非常兴奋。其《序言》所云"第收录至审慎，迻译亦期勿失文情，异域文术新宗，自此始入华土"，这实在是诚信不欺之言。第一册出版以后，我承惠赠了好几册，但我还特地到东京寄售处购买一册，并且时时去察看，为的怕那里有不遵定价，额外需索的情形，所以亲去经验，居然画一不二，也就放心了，不过销路并不好，因为那时的读者，对于这样短篇新品，还缺少欣赏的能力和习惯。我那时正有回国之行，所以交给上海寄售处的书，就由我带去的。

　　鲁迅译厨川白村的《苦闷的象征》时，曾对我说："这是一部有独创力的文学论，既异于科学家似的玄虚，而且也并无一般文学论者的繁碎。作者在去年大地震里遭难了。我现在用直译法把它译出来。"我照例将原文对照一读，觉得鲁迅的直译工夫较前更进步了。虽说是直译的，却仍然极其条畅，真非大手笔不办。他深叹中国文法的简单，一个"的"字的用处，日本文有"丿""处""的"等等，而中国文只有一个的字。于是创造出分别来："其中尤须声明的，是几处不用'的'字，而特用'底'字的缘故。即凡形容词与名词相连成一名词者，其间用'底'字，例如 Social being 为社会底存在物，Psychische Trauma 为精神底伤害等；又形容词之由别种品词转来，语尾有 -tive，tic 之类者，于下也用'底'字，例如 Speculative，romantic，就写为思索底，罗曼底"。本书中所引英诗的翻译，我曾效微劳，他在《引言》中还特别提到。

　　鲁迅译《小约翰》也是一部力作。本书的著者荷兰望·蔼覃（全集卷十四，题下，荷兰误作德国，全集卷一总目内没有错），本来是研究医学，具有广博的知识，青年著作家的精神的领袖，鲁迅的学力很有些和他相似，所以生平爱读这部象征写实的童话诗，有意把它译成中文，发愿很早，还在留学时代，而译成则在二十年以后。初稿系在北平中央公园的一间小屋内，和吾友齐寿山二人挥汗而作，整理则在翌年广州白云楼，那时我和他同

一六 杂谈翻译

住,目睹其在骄阳满室的壁下,伏案工作,手不停挥,真是矻矻孜孜,夜以继日,单是关于动植物的译名,就使他感到不少的困难,遍问朋友,化去很多的精力和时间,他书后附有《动植物译名小记》,可供参考。至于物名的翻译,则更难,因为它是象征,不便译音,必须意译,和文字的务欲近于直译已大相反。小鬼头 Wistik 之译作"将知",科学研究的冷酷的精灵 Pleuzer 之作"穿凿",小姑娘 Robinetta 之作"荣儿"都是几经斟酌才决定的。

至于鲁迅译果戈里的《死魂灵》,更是一件艰苦的奇功,不朽的绝笔,他受果戈里的影响最深,不是他的第一篇创作《狂人日记》,就和八十多年前,果戈里所写的篇名完全相同吗?"但后起的《狂人日记》意在暴露家族制度和礼教的弊害,却比果戈里的忧愤深广……。"当鲁迅卧病的时候,我去访问,谈到这部译本,他告诉我:"这番真弄得头昏眼花,筋疲力尽了。我一向以为译书比创作容易,至少可以无须构想,那里知道是难关重重!……"说着还在面孔上现出苦味。他在《"题未定"草》一有云:

"……于是'苦'字上头。仔细一读,不错,写法的确不过平铺直叙,但到处是刺,有的明白,有的却隐藏,要感得到;虽然重译,也得竭力保存它的锋头。里面确没有电灯和汽车,然而十九世纪上半期的菜单、赌具、服装,也都是陌生家伙。这就势必至于字典不离手,冷汗不离身,一面也自然只好怪自己语学程度的不够格。"

又在同题二有云：

"动笔之前，就先得解决一个问题：竭力使它归化，还是尽量保存洋气呢？日本文的译者上田进君，是主张用前一法的。他以为讽刺作品的翻译，第一当求其易懂，愈易懂，效力也愈广大。所以他的译文，有时就化一句为数句，很近于解释。我的意见却两样的。只求易懂，不如创作，或者改作，将事改为中国事，人也化为中国人。如果还是翻译，那么，首先的目的，就在博览外国的作品，不但移情，也要益智，至少是知道何地何时，有这等事，和旅行外国，是很相像的！它必须有异国情调，就是所谓洋气。其实世界上也不会有完全归化的译文。倘有，就是貌合神离，从严辨别起来，它算不得翻译。凡是翻译，必须兼顾着两面，一当然力求其易解，一则保存着原作的丰姿，但这保存，却又常常和易懂相矛盾？看不惯了。不过它原是洋鬼子，当然谁也看不惯，为比较的顺眼起见，只能改换他的衣裳，却不该削低他的鼻子，剜掉他的眼睛。我是不主张削鼻剜眼的，所以有些地方，仍然宁可译得不顺口。……"（《且介亭杂文二集·"题未定"草》）

总之，鲁迅对于翻译的理论及其实际，都是成功的，开辟了大道，培养的沃壤，使中国的新文艺得以着着上进，欣欣向荣。

一七　西三条胡同住屋

　　鲁迅爱住北平，但是他的西三条胡同住屋，是出于不得已而经营的。他原来在一九一九年把绍兴东昌坊口的老屋和同住的本家公同售去以后，就在北平购得公用库八道湾大宅一所，特地回南去迎接母太夫人及全眷来住入，这宅子不但房间多，而且空地极大。鲁迅对我说过："我取其空地很宽大，宜于儿童的游玩。"我答："诚然，简直可以开运动会。"鲁迅那时并无子息，而其两弟作人和建人都有子女，他钟爱侄儿们，视同自己的所出，处处实行他的儿童本位的教育，《我们现在怎样做父亲》文中所云，（全集卷一《坟》）"只能先从觉醒的人开手，各自解放了自己的孩子。自己背着因袭的重担，肩住了黑暗的闸门，放他们到宽阔光明的地方去……"这便是他的儿童教育的意见。他对于侄儿们的希望很大，很想为他们创造出一个最适宜于发育的环境，所谓"这正如地上的路，其实地上本没有路；走的人多了，也便成了路。"（《呐喊·故乡》）

鲁迅对于两弟非常友爱，因为居长，所有家务统由他自己一人主持，不忍去麻烦两弟。他对于作人的事，比自己的还要重要，不惜牺牲自己的名利统统来让给他，我在拙著《关于（弟兄）》一文已经提及。一九一七年，他和作人还同住在绍兴会馆的时候，北平正流行着传染病猩红热，作人忽然发高热了。这可真急坏了鲁迅，愁眉不展，四处借钱，为的要延医买药。后经德国医师狄普耳诊断，才知道不过是出疹子，于是他第二天到部，精神焕然地笑着对我说："起孟原来这么大了，竟还没有出过疹子，倘若母亲在此，不会使我这样着急了。"接着又述昨夜医师到来的迟缓，和他诊断病情的敏捷，但是我看见他的眼眶陷下，还没有恢复呢！又记得一九二一年，作人养疴在香山碧云寺，因为费用浩大，鲁迅又四处奔走，借贷应急，并且时常前往护视。

作人的妻羽太信子是有歇斯底里性的。她对于鲁迅，外貌恭顺，内怀忮忌，作人则心地糊涂，轻听妇人之言，不加体察，我虽竭力解释开导，竟无效果，致鲁迅不得已移居外客厅而他总不觉悟，鲁迅遣工役传言来谈，他又不出来，于是鲁迅又搬出而至砖塔胡同了。从此两人不和，成为参商，一变从前"兄弟怡怡"的情态。这是作人一生的大损失，倘使无此错误。始终得到慈兄的指导，何至于后来陷入迷途，洗也洗不清呢？

鲁迅搬出以后，就借钱购得西三条的房子，是一所小小的三开间的四合式。北屋的东间是母太夫人的房，西间是朱夫人的房。太夫人谈锋极健，思想有条理，曾用自修得到能够看书的学

一七　西三条胡同住屋

力。朱夫人是旧式的女子，结婚系出于太夫人的主张，因而"瑟琴异趣"，鲁迅曾对我说过："这是母亲给我的一件礼物，我只能好好地供养它，爱情是我所不知道的。"北屋的中间，后面接出一间房子去，鲁迅称它为"老虎尾巴"，乃是他的工作室，《彷徨》的全部以及其他许多的译著，皆写成于此。这老虎尾巴将永久成为我国国民的纪念室。它的北窗用玻璃，光线充足，望后园墙外，即见《野草》第一篇《秋夜》所谓"在我的后园，可以看见墙外有两株树，一株是枣树，还有一株也是枣树。"

南屋是他的藏书室。说起他的藏书室，我还记得作人和信子抗拒的一幕；这所小屋既成以后，他就独自个回到八道湾大宅取书籍去了。据说作人和信子大起恐慌，信子急忙打电话，唤救兵，欲假借外力以抗拒，作人则用一本书远远地掷入，鲁迅置之不理，专心检书，一忽儿外宾来了，正欲开口说话，鲁迅从容辞却，说这是家里的事，无烦外宾费心。到者也无话可说，只好退了。这在取回书籍的翌日，鲁迅说给我听的。我问他："你的书全部都已取出了吗？"他答道："未必。"我问他我所赠的《越缦堂日记》拿出了吗？他答道："不，被没收了。"

鲁迅毕竟是伟大的，他受了种种的诬蔑委屈，搬出了八道湾住宅，又生了一场病，对于作人和信子的事，日记上却一字不提，这是我在他死后数个月，为的要赶撰年谱，翻阅他的日记才知道的。

一八　女师大风潮

一九二五年春间，北京女子师范大学有反对校长杨荫榆事件，杨校长便不到校，后来任意将学生自治会职员六人除名，并且引警察及打手蜂拥入校，学生们不服。迨教育总长章士钊复出，遂有非法解散学校的事，并且命司长刘百昭，雇用流氓女丐殴曳学生们出校。女师大的许多教职员，本极以章杨二人的措置为非，复痛学生的无端失学，遂有校务维持会的组织，鲁迅本是女师大的讲师，所以成为该会的委员之一，而章士钊视作眼中钉，竟倒填日子，将他的教育部佥事职违法免去了。

我因为和杨荫榆校长是前后任的关系，对于这次风潮，先是取旁观态度，绝不愿意与闻的，待到章士钊无端把鲁迅免职，我不能熟视无睹了，既恶其倒填日子，暗暗免部员之职，又恶其解散学校呈文中，叠用轻薄字句来诬蔑女性，才和齐寿山（教育部视学）二人发表宣言，指斥其非，并且正式送给他一张以观其变，于是他也把我们二人免职了。宣言全文如下：

反对教育总长章士钊之宣言

署教育总长章士钊本一轻薄小才，江湖游士，偶会机缘，得跻上位，于是顿忘本来，恣为夸言，自诩不羁，盛称饱学，第以仅有患得患失之心，遂辄现狐埋狐搰之态。自五七风潮之后，即阳言辞职，足迹不见于官署者数月，而又阴持部务，画诺私家，潜构密谋，毁灭学校，与前女子师范大学校长杨荫榆相联结，驯致八月一日以武装警察解散该女子师范大学之变。案学生所陈，仅在恳请当局，撤换校长，冀学业稍有进步而已。倘使处以公心，本不致酿成事故，而章士钊与杨荫榆朋比固位，利己营私，必便成解散之局，于停办该大学呈文中，尚腼然自饰，谓先未实行负责，后令妥善办理，且叠用佻达字句，诬蔑女性，与外间匪人所造作之谣诼相应和，而于滥用警士，殴击学生等激变之故，则一字不提，是不特蔽亏国人视听之明，实大淆天下是非之辨。近复加厉，暴行及于部中，本月十三日突将佥事周树人免职，事前既未使次长司长闻知，后又不将呈文正式宣布，秘密行事，如纵横家，群情骇然，以为妖异。周君自民国元年由南京政府北来供职，十有四年，谨慎将事，百无旷废，徒以又为该大学兼任教员，于学校内情，知之较审，曾与其他教员发表宣言，声明杨荫榆开除学生之谬。而章杨相比，亦撄彼怒，遂假威权，泄其私愤，昔者以杨荫榆之党已也，不惜解散学校荒数百人之学业以徇之，今以周君之异己也，又不惜秘密发纵以除去之。视部员如家奴，以私意为进退，虽在专制时代，黑暗当不至是；此其毁坏法律，率意妄行，即世之至无忌惮者亦不能加于此矣。最近则又称改办女子大学，即以嗾警毁校自夸善打之刘百昭为筹备处长，以掩人耳目，举蹂躏学校之人，任筹备学校之重，虽曰报功，宁非儿戏。旋又率警围校，且雇百余无赖女流，闯入宿舍，殴逐女生，惨酷备至，哭声盈于道涂，路人见而太息，以为将不敢有子女入此虎狼之窟者矣。况大队警察，用之不已，是直以枪剑为身教之资，隶教部于警署之下，自开国以来，盖未见有教育当局而下劣荒谬暴戾恣睢至于此极者也。寿裳等自民元到部，迄于今兹，分外之事，未尝论及。今则道揆沦丧，政令倒行，虽在部中，义难合作，自此章士钊一日不去，即一日不到部，以明素心而彰公道。谨此宣言。

我们对于章士钊的这些举动，认为无理可喻，故意不辞职，而等他来免职，也不愿向段祺瑞政府说理，所以发布这个宣言。鲁迅对于章士钊，也视若无物，后来之所以在平政院提起诉讼，还是受了朋友们的怂恿而才做的，结果是得到胜诉。

女师大被非法解散以后，便在宗帽胡同自赁校舍，重新开学，教员们全体义务授课，我也是其中之一，师生们共同克苦支持。如是者三月，女师大就复校了。章士钊解散学校之外，还有那些主张读经，反对白话等等玩意儿，鲁迅都一一辞而辟之。关

一八　女师大风潮

于他的排斥白话,我和鲁迅都笑他日暮途穷,所做的文言文并不高明,连庄子中"每下愈况"的成语(况,甚也),都用不清楚;单就他那《停办北京女子师范大学呈文》中所云:"钊念儿女乃家家所有,良用痛心,为政而人人悦之,亦无是理"这几句骈文,也比不上何栻《齐姜醉遣晋公子赋》的"公子固翩翩绝世,未免有情,少年而碌碌因人,安能成事"。这些谈资都为鲁迅所采用,文见《华盖集·答SK君》。至于章士钊的主张读经,也是别有用意,明知道读经是不足以救国的,不过要耍把戏,将人们看作笨牛罢了。鲁迅有一文《十四年的"读经"》(《华盖集》),揭发得很透彻,摘录一二段如下:

"……我看不见读经之徒的良心怎样,但我觉得他们大抵是聪明人,而这聪明,就是从读经和古文得来的。我们这曾经文明过而后来奉迎过蒙古人,满洲人大驾了的国度里,古书实在太多,倘不是笨牛,读一点就可以知道,怎样敷衍,偷生,献媚,弄权,自私,然而能够假借大义,窃取美名。再进一步,并可以悟出中国人是健忘的,无论怎样言行不符,名实不副,前后矛盾,撒谎造谣,蝇营狗苟,都不要紧,经过若干时候,自然被忘得干干净净;只要留下一点卫道模样的文字,将来仍不失为'正人君子'"……

"古国的灭亡,就因为大部分的组织被太多的古习惯教养得硬化了,不再能够转移,来适应新环境,若干分子又被太多的坏经验教养得聪明了,于是变性,知道在硬化的社会里,不妨妄行。单是妄行的是可与论议的,故意妄行的却无须再与谈理。……"

一九 三一八惨案

一九二六年三月十八日,北京发生最黑暗最凶残的事件:段祺瑞政府使卫兵用步枪大刀,在国务院门前包围虐杀了徒手请愿,意在援助外交的市民和学生,死伤至三百余人之多。还要下令,诬之曰"暴徒"!女师大学生当场遇害者二人:刘和珍和杨德群。受伤者六七人。这天下午我(二天以前才辞去教务长兼职)偶然跑到学校去看看,忽听得这个噩耗,并且遇着受伤同学的逃回,便立刻拉着新任教务长林语堂同车赶往国务院察看。到时,栅门已闭,尚留一条缝容许出入,只见尸体纵横枕藉,鲜血满地,是一个最阴惨的人间地狱!刘和珍的尸骸已经放入一具薄棺之中了。并排的还有好几具,都是女子的。刘和珍面目如生,额际尚有微温,我瞥见毛医师正在门外人群中,急忙请他进来诊视,那知道心脏早停,已经没有希望了。又听得还有许多许多的受伤者在医院里,赶紧往视,则待诊室内满是尸体,这些该是当初还没有死,抬到医院——或没有抬到,途中便已气绝了罢!杨德群的尸骸，放在一张板桌上，下半身拖落在旁。呜呼！惊心动魂，言语道断，我不忍再看了！我一向不赞成什么请愿，绝对不参加甚么开会游行，然亦万料不到会有如此喋血京师的惨事！从这天起，我竟夜不成寐，眼睛一闭，这场地狱便出现，如是者继续至十余天才止，这是因时光的流驶才把苦痛和血痕渐渐冲淡了罢。鲁迅关于这事，有云："这不是一件事的结束，是一件事的开头。墨写的谎说，决掩不住血写的事实。血债必须用同物偿还。拖欠得愈久，就要付更大的利息！"又云："实弹打出来的却是青年的血。血不但不掩于墨写的谎语，不醉于墨写的挽歌；威力也压它不住，因为它已经骗不过，打不死了。"（《华盖集续编·无花的蔷薇》）

同书里，鲁迅又有一篇《记念刘和珍君》那是情文并茂，感人最烈的伟大的抒情文，现在摘录一二段如下：

"真的猛士，敢于直面惨淡的人生，敢于正视淋漓的鲜血，这是怎样的哀痛者和幸福者？然而造化又常常为庸人设计，以时间的流驶，来洗涤旧迹，仅使留下淡红的血色和微漠的悲哀，在这淡红的血色和微漠的悲哀中，又给人暂得偷生，维持着这似人非人的世界。我不知道这样的世界何时得一个尽头！"

"……"

"我没有亲见；听说，她，刘和珍君，那时是欣然前往的。自然，请愿而已，稍有人心者，谁也不会料到有这样的罗网，但竟在执政府前中弹了,从背部入,斜穿心肺,已受致命的创伤,只是没有便死。同去的张静淑君,想扶起她,中了四弹,其一是手枪,立仆;同去的杨德群君又想去扶起她,也被击,弹从左肩入,穿胸偏右出,也立仆。但她还能坐起来,一个兵在她头部及胸部猛击两棍,于是死掉了。"

"……"

"我目睹中国女子的办事,是始于去年的,虽然是少数,但看那干练坚决,百折不回的气概,曾经屡次为之感叹。至于这一回在弹雨中互相救助,虽殒身不恤的事实,则更足为中国女子的勇毅,虽遭阴谋秘计,压抑至数千年,而终于没有消亡的明证了。倘要寻求这一次死伤者对于将来的意义,意义就在此罢。"

"苟活者在淡红的血色中,会依稀看见微茫的希望;真的猛士,将更奋然而前行。"(《华盖集续编》)。

惨案发生以后,便有通缉五个所谓"暴徒首领"之令,按着又有要通缉五十人——其实名单上只四十八人——的传说,我和鲁迅均列名在内。鲁迅有一篇《大衍发微》(《而已集》附录),把名单全部的籍贯职务调查得相当清楚,尤其把要捉的原因探究分析得很详细。齐寿山很为我们担忧,热心奔走,预先接洽了临时避居的地方,对我们说:"一有消息,就来报告,务必暂时离家。"果然,有一天下午,寿山来电话,说:"张作霖的前头部队已经到高桥了,请立刻和鲁迅避入 D 医院,一切向看护长接洽就得。"我就立刻去通知鲁迅，于是同时逃入了 D 医院中，一间破旧什物的堆积房是我和鲁迅及其他相识者十余人聚居之所，夜晚在水门汀地面上睡觉，白天用面包和罐头食品充饥。——也有人住六国饭店和法国医院的。我住了十天光景，便移居病室，医师来诊则告以无病，遂一笑而去。鲁迅亦然，但在这样流离颠沛之中，还是写作不止呢？

二〇　广州同住

　　同年八月底，鲁迅离开北京，至厦门大学教书去了。临行，我表示亦将离京谋事，托他随时为我留意，因为，我和他及寿山三人的教育部职务虽已恢复，总觉得鸡肋无味。他极以为然，所以对于我之所托，非常关心，视同己事，《两地书》中时时提到至十几次之多，如云："玉堂在此似乎也不大顺手，所以上遂的事竟无法开口。"（书四二）又云："上遂的事则至今尚无消息，不知何故。我同兼士曾合写一信，又托伏园面说，又写一信，都无回音，其实上遂的办事能力，比我高得多。"（书八一）又云："上遂南归，杳无消息，真是奇怪，所以他的事情也无从计划。"（书九六）到了十二月底，他知道了我的事容易设法，就接连的来信通知，现录一通如下：

季茀兄：

　　昨寄一函，已达否？此间甚无聊，所谓国学院者，虚有其名,不求实际。而景宋故乡之大学,催我去甚亟。聘书且是正教授,似属望甚切,因此不能不勉力一行,现拟迟于一月底前往,速则月初。伏园已去,但在彼不久住,仍须他往,昨得其来信,言兄教书事早说妥,所以未发聘书者,乃在专等我去之后,接洽一次也。现在因审慎,聘定之教员似尚甚少云。信到后请告我最便之通信处,来信寄此不妨,即我他去,亦有友人收转也。此布。

　　即颂
　　曼福。

树人上。十二月廿九日

　　鲁迅到广州中山大学后,就接连来信催我前往,略说兄之聘书已在我处,月薪若干,此间生活费月需约若干,所教功课,现尚无从说起,因为一切尚无头绪,总之此校的程度是并不高深的。开学是三月二日,但望兄见信即来,可以较为从容,谈谈。从沪开来之轮船如何如何。唐餐间胜于官舱,价约若干……他的指示很周到,使我感激不可以言宣,真是所谓"穷途仗友生"!这几封催我前往的信,我因为在抗战那年,检入行箧中,老是携带着,前年在重庆写了一篇《鲁迅的几封信》,把它发表,作为他逝世九周年的一点纪念,所以这里不再抄引了。

　　我航海既到广州,便在逆旅中,遣使送信去通知鲁迅。使者回,说人不在家。到了第二天的下午,景宋见访,始知鲁迅才从

二〇　广州同住

香港讲演回来，因足受伤，不良于行，教她来接我至校同住。那时候，他住在中山大学的最中央而最高最大的一间屋——通称"大钟楼"，相见忻然。书桌和床铺，我的和他的占了屋内对角线的两端。这晚上，他邀我到东堤去晚酌，肴馔很上等甘洁。次日又到另一处去小酌，我要付账，他坚持不可，说先由他付过十次再说。从此，每日吃馆子，看电影，星期日则远足旅行，如是者十余日，豪兴才稍疲。后来，开学期近了，他是教授兼教务主任，忙于开会议，举行补考，核算分数，接见种种学生，和他们辩论种种问题，觉得日不暇给，豪兴更减了。我对于广州的印象，因为是初到，一切觉得都很新鲜，便问他的印象如何。他答道：革命策源地现在成为革命的后方了，还不免是灰色的。我听了很受感动。又问他在香港讲演的题目是什么，反应是怎样，他答道："香港这殖民地是极不自由的，我的讲演受到种种阻碍，题目是《老调子已经唱完》《无声的中国》，有人想把我的讲稿登载报上，可是被禁止了。"

这间大钟楼是大而无当，夜里有十几匹头大如猫的老鼠赛跑，清早有懒不做事的工友们在门外高唱，我和鲁迅合居其间，我喜欢早眠早起，而鲁迅不然，各行其事，两不相妨，因为这间楼房的对角线实在来得长。晚餐后，鲁迅的方面每有来客络绎不绝，大抵至十一时才散。客散以后，鲁迅才开始写作，有时至于彻夜通宵，我已经起床了，见他还在灯下伏案挥毫，《铸剑》等篇便是这样写成的。有一天，傅孟真（其时为文学院长）来谈，说及顾某可来任教，鲁迅听了就勃然大怒，说道："他来，我就走，"态度异常坚决。

后来搬出学校，租了白云楼的一组，我和鲁迅、景宋三人合居。地甚清静，远望青山，前临小港，方以为课余可以有读书的环境了。那知道感触之来，令人窒息，所谓"抱着梦幻而来，一遇实际，便被从梦境放逐了，不过剩下些索寞。"清党事起，学生被捕者不少，鲁迅出席各主任紧急会议，归来一语不发，我料想他快要辞职了，一问，知道营救无效。不久，他果然辞职，我也跟着辞职，他时常提起，有某人瘦小精悍，头脑清晰，常常来谈天的，而今不来了。鲁迅从此潜心写作，不怕炎热的阳光侵入住室到大半间，仍然手不停挥；修订和重抄《小约翰》的译稿；编订《朝花夕拾》作后记，绘插图，又编录《唐宋传奇集》。十月回至上海。自去年秋，出北京，中经厦门，广州，至此仅一年，他的生活是不安的，遭遇是创痛的。

二一　上海生活——前五年

（一九二七～一九三一）

鲁迅自一九二七年回上海，至一九三六年逝世，这十年间，国难的严重日甚一日，因之，生活愈见不安，遭遇更加惨痛，环境的恶劣实非通常人所能堪，他的战斗精神却是再接再厉，对于帝国主义的不断侵略，国内政治的不上轨道，社会上封建余毒的弥漫，一切荒淫无耻的反动势力的猖獗，中国文坛上的浅薄虚伪，一点也不肯放松，于是身在围剿禁锢之中，为整个中华民族的解放和进步，苦战到底，决不屈服。从此在著译两方面，加倍努力，创作方面除历史小说《故事新编》，通讯《两地书》（与景宋合著）等以外，特别着重前所发明的一种战斗文体——短评，杂文——来完成他的战斗任务。翻译方面则有文艺理论，长篇小说，短篇小说，童话等。他又介绍新旧的"木刻"，提倡"新文字"，赞助"世界语"。同时他在行动上，又参加了三"盟"，即"自由运动大同盟""左翼作家联盟"，及"民权保障同盟会"。总之，他是不朽的作家，文化的导师，正义的斗士，中华民族的灵魂。

这十年间，我因为在南京和北平服务，虽不能常常晤见鲁迅，但每次道经上海，必定往访，所以每年至少有十余次的会见，最后两年晤面较稀，但每年亦至少四五次。他初回上海，即不愿教书，我顺便告知蔡孑民先生，即由蔡先生聘为大学院特约著作员，与李审言同时发表。

一九二九年九月，景宋夫人产生一个男孩，名曰"海婴"。我知道了很忻喜，立刻要求鲁迅赶快领我到医院去道贺，我说：你俩本来太寂寞，现在有了"宁馨儿"可以得到安慰了。不料其未满八岁，鲁迅便去世，不及见其成立啊！海婴生性活泼，鲁迅曾对我说："这小孩非常淘气，有时弄得我头昏，他竟问我：'爸爸可不可以吃的？'我答：'要吃也可以，自然是不吃的好。'"我听了一笑，说他正在幻想大盛的时期，而本性又是带神经质的。鲁迅颇首肯，后来他作《答客诮》一诗，写出爱怜的情绪云：

无情未必真豪杰，怜子如何不丈夫。
知否兴风狂啸者，回眸时看小于菟。

一九三〇年春，鲁迅被浙江省党部呈请通缉，其罪名曰"反动文人"，其理由曰"自由大同盟"，说来自然滑稽，但也很可痛心。那时，浙江省党部有某氏主持其事，别有用意，所谓"罪名""理由"，都是表面文章，其真因则远在编辑刊物。当鲁迅初到上海，主编《语丝》的时候，有署名某某的青年，投稿揭发他的大学的黑幕，意在促使反省，鲁迅就把它登出来了。这反响可真大，原来某氏是该大学毕业生，挟嫌于心，为时已久，今既有"自由大同盟"可作题目，借故追因，呈请通缉，而且批准。鲁迅曾把这事的经过，详细地对我说过："自由大同盟并不是由我发起，当初只是请我去演说，按时前往，则来宾签名者已有一人（记得是郁达夫君），演说次序是我第一，郁第二，我待郁讲完，便先告归，后来闻当场有人提议要有什么组织，凡今天到会者均作为发起人，迨次日报上发表，则变成我第一名了。"鲁迅又说："浙江省党部颇有我的熟人，他们倘来问我一声，我可以告知原委，今竟突然出此手段，那么我用硬功对付，决不声明，就算由我发起好了……"这愤慨是无怪的。鲁迅又常常说："我所抨击的是社会上的种种黑暗，不是专对国民党，这黑暗的根原，有远在一二千年前的，也有在几百年，几十年前的，不过国民党执政以来，还没有把它根绝罢了。现在他们不许我开口，好像他们决计要包庇上下几千年一切黑暗了。"

同年三月，鲁迅参加"左翼作家联盟"的成立会，这是一件极重要的事情。为什么"左翼作家联盟"到这时候才成立呢。因为鲁迅已经首先输入了蒲力汗诺夫，卢那卡尔斯基的理论，给大家能够互相切磋，更加坚实而有力。这些译书的影响确是很大，从此内讧停止，开始深入的发展，形成崭新的阵营。在"左联"成立之先，鲁迅常对我说："骂我的人虽然很多，但是议论大都是不中肯的。骂来骂去骂不出所以然来，真是无聊。"现摘引一段如下：

从前年以来，对于我的人的攻击是多极了，每一种刊物上，大抵总要看见"鲁迅"的名字，而作者的口吻，则粗粗一看，大抵好像革命文学家。但我看了几篇，竟逐渐觉得废话太多了。解剖刀既不中腠理，子弹所击之处，也不是致命伤。……我于是想，可供参考的这样的理论，是太少了，所以大家有些胡涂。对于敌人，解剖咬嚼，现在是在所不免的，不过有一本解剖学，有一本烹饪法，依法办理，则构造味道，总还可以较为清楚有味。人往往以神话中的 Proemetheus 比革命者，以为窃火给人，虽遭天帝之虐待不悔，其博大坚忍正相同。但我从别国里窃得火来，本意却在煮自己的肉的，以为倘能味道较好，庶几在咬嚼者那一面也得到较多的好处，我也不枉费了身躯，出发点全是个人主义，并且还夹杂着小市民性的奢华，以及慢慢的摸出解剖刀来，反而刺进解剖者的心脏里去的"报复"。梁（实秋）先生说："他们要报复！"其实岂只"他们"，这样的人在"封建余孽"中也很有的。然而，我也愿于社会有些用处，看客所见的结果仍是火和光。这样，首先开手的就是《文艺政策》，因为其中含有各派的议论。(《二心集·"硬译"与"文学的阶级性"》)

在"左联"成立时,鲁迅发表演说,首则警戒"左翼"作家是很容易成为"右翼作家"的。继则提出今后应注意的几点:"第一,对于旧社会和旧势力的斗争,必须坚决,持久不断,而且注重实力。……第二,我以为战线应该扩大。……第三,我们应当造出大群的新的战士。……同时,在文学战线上的人还要'韧'。"(《二心集·对于左翼作家联盟的意见》)

从此"左联"成为中国新文艺界的主力,一直发展下去,而鲁迅则成为其领导者。

一九三一年一月,因柔石等被捕,谣传鲁迅也被拘或已死了。大报上虽没有记载,小报上却言之凿凿,我正在忧疑焦急,而他的亲笔邮信忽然到了,知道他已经出走,这才使我放心。信中体裁和以前的大不相同,不加句读,避掉真名而用"索士"和"令斐",这是同一个人,我素所知悉的。且以换住医院,代替出走。原信录如下:

季黻吾兄左右昨至宝隆医院看索士兄病则已不在院中据云大约改入别一病院而不知其名拟访其弟询之当知详细但尚未暇也近日浙江亲友有传其病笃或已死者恐即因出院之故恐兄亦闻此讹言为之黯然故特以奉白此布即请

道安

弟令斐顿首一月二十一日

至于谣传被拘的原因是这样的，鲁迅告诉我："因为柔石答应了去做某书店的杂志编辑，书店想印我的译著，托他来问版税的办法，我为要他省掉多跑一趟路，便将我和北新书局所订的合同，抄了盖印交给他，临别时我看他向大衣袋里一塞，匆匆的去了。不料翌日就被捕，衣袋里还藏着我那盖印的合同，听说官厅因此正在找寻我，这是谣传我被拘的原因。"柔石原名平复，姓赵，浙江宁海县人，创作之外，致力于绍介外国文艺，尤其是北欧东欧的文学与版画。被捕后二十日，秘密枪决（参阅《二心集·柔石小传》）。鲁迅更有一篇《为了忘却的纪念》（《南腔北调集》），写得真挚沉痛，中有一诗如下：

惯于长夜过春时，挈妇将雏鬓有丝。
梦里依稀慈母泪，城头变幻大王旗。
忍看朋辈成新鬼，怒向刀丛觅小诗。
吟罢低眉无写处，月光如水照缁衣。

他对我解释道："那时我确无写处的，身上穿着一件黑色袍子，所以有'缁衣'之称。"同时他又写给我看许多首旧作。这诗中"刀丛"二字，他后来写给我的是作"刀边"。

鲁迅说：同是青年而不可以一概论，志行薄弱者或则投书告密，或则助官捕人。别国的硬汉为什么比中国多？是因为别国的淫刑不及中国的缘故。中国也有好青年，至死不屈者常常有之，但皆秘不发表。其不能熬刑至死者，就非卖友不可，非贩人命以自肥不可。所以坚卓者壮烈而先亡，游移者偷生而堕落。

鲁迅是大仁，他最能够感到别人的精神上的痛苦，尤其能够感到暗暗的死者的惨苦。他说："造化生人已经非常巧妙，使一个人不会感到别人的肉体上的痛苦了，我们的圣人和圣人之徒却又补了造化之缺，并且使人们不再会感到别人的精神上的痛苦。"他又说："我每当朋友或学生的死，倘不知时日，不知地点，不知死法，总比知道的更悲哀和不安！由此推想那一边，在暗室中毕命于几个屠夫的手里，也一定比当众而死的更寂寞。……我先前读但丁的《神曲》，到《地狱》篇，就惊异于这作者设想的残酷，但至现在，阅历加多，才知道还是仁厚的了：他还没有想出一个现在已极平常的惨苦到谁也看不见的地狱来。"他说话时的神情，悲悯沉痛，至今还使我不能忘记。

二二　上海生活——后五年

（一九三二～一九三六）

一九三一年九月十八日，万恶的日本军陷沈阳，攻下吉林，又破黑龙江，关东三省皆陷。翌年一月，又以海军陆战队窥上海，二十八日夕敌突犯闸北，我第十九路军总指挥蒋光鼐，军长蔡廷锴率所部迎击，神圣的抗战遂起。我挂念鲁迅的寓所正是在火线中，乔峰的也是如此，无法通讯，不知其如何脱离虎口，不得已电讯陈子英，子英即登报寻觅，于是鲁迅知道了，立刻给我一信如下：

季茀兄：

　　因昨闻子英登报招寻，访之，始知兄曾电询下落。此次事变，殊出意料之外，以致突陷火线中，血刃塞途，飞丸入室，真有命在旦夕之概。于二月六日，始得内山君设法，携妇孺走入英租界，书物虽一无取携，而大小幸无恙，可以告慰也。现暂寓其支店中，亦非久计，但尚未定迁至何处，倘赐信，可由"四马路杏花楼下，北新书局转"耳。此颂

曼福

弟树顿首二月二十二日

乔峰亦无恙，并闻。

我又挂念他虽已逃出了，或许寓屋被毁，书物荡然，又挂念他此后的行踪，所以接连通讯，兹摘录其来信数通如下：

季茀兄：

顷得二月二十六日来信，谨悉种种。旧寓至今日止，闻共中四弹，但未贯通，故书物俱无恙，且亦未遭劫掠。以此之故，遂暂蛰伏于书店楼上，冀不久可以复返，盖重营新寓，为事甚烦，屋少费巨，殊非目下之力所能堪任。倘旧寓终成灰烬，则拟挈眷北上，不复居沪上矣。

被裁之事，先已得教部通知，蔡先生如是为之设法，实深感激。惟数年以来，绝无成绩，所辑书籍，迄未印行，近方图自印《嵇康集》，清本略就，而又突陷兵火之内，存佚盖不可知。教部付之淘汰之列，固非不当，受命之日，没齿无怨。现北新书局尚能付少许版税，足以维持，希释念为幸。

今所恳望者，惟舍弟乔峰在商务印书馆作馆员十年，虽无赫

赫之勋，而治事甚勤，始终如一，商务馆被燹后，与一切人员，俱被停职，素无储积，生活为难，商务馆虽云人员全部解约，但现在当必尚有蝉联，而将来且必仍有续聘，可否乞兄转蕲蔡先生代为设法，俾有一栖身之处，即他处他事，亦甚愿服务也。

钦文之事，在一星期前，闻虽眷属亦不准接见，而死者之姊，且控其谋财害命，殊可笑，但近来不闻新消息，恐尚未获自由耳。

匆复，即颂

曼福

弟树启上三月二日

乔峰广平附笔致候。

信中所云被裁之事，即指特约著作员的薪水。

季茀兄：

快函已奉到。诸事至感。在漂流中，海婴忽生疹子，因于前日急迁至大江南饭店，冀稍得温暖，现视其经过颇良好，希释念。昨去一视旧寓，除震破五六块玻璃及有一二弹孔外，殊无所损失，水电瓦斯，亦已修复，故拟于二十左右，回去居住。但一过四川路桥，诸店无一开张者，入北四川路，则市廛家屋，或为火焚，或为炮毁，颇荒漠，行人亦复寥寥。如此情形，一时必难恢复，则是否适于居住，殊属问题，我虽不惮荒凉，但若购买食物，须奔波数里，则亦居大不易耳。总之，姑且一试，倘不可耐，当另作计较，或北归，或在英法租界另觅居屋，时局略定，租金亦想可较廉也。乔峰寓为炸弹毁去一半，但未遭劫掠，故所失不多，幸人早避去，否则，死矣。此上，即颂

曼福

树启上三月十五日

季巿兄：

近来租界附近已渐平静，电车亦俱开通，故我已于前日仍回旧寓，门墙虽有弹孔，而内容无损。但鼠窃则已于不知何时惠临，取去妇孺衣被及厨下什物二十余事，可值七十元，属于我个人者，则仅取洋伞一柄。一切书籍，岿然俱存，且似未尝略一翻动，此固甚可喜，然亦足见文章之不值钱矣。要之，与闸北诸家较，我寓几可以算作并无损失耳。今路上虽已见中国行人，而迁去者众，故市廛未开，商贩不至，状颇荒凉，得食物亦颇费事。本拟往北京一行，句留一二月，怯于旅费之巨，故且作罢。暂在旧寓试住，倘不大便，当再图迁徙也。在流徙之际，海婴忽染疹子，因居旅馆一星期，贪其有汽炉耳。而炉中并无汽，屋冷如前寓而费钱却多。但海婴则居然如居暖室，疹状甚良好，至十八日而痊愈，颇顽健。始知备汽炉而不烧，盖亦大有益于卫生也。钦文似尚不能保释，闻近又发现被害者之日记若干册，法官当一一细读，此一细读，正不知何时读完，其累钦文甚矣。回寓后不复能常往北新，而北新亦不见得有人来，转信殊多延误，此后赐

示,似不如由內山书店转也。此上,即颂

曼福

迅启上三月二十一夜

此后,关于寓屋及闸北被毁的情状尚有数信见告,兹从略。

一九三三年,"民权保障同盟会"成立,举蔡先生孙夫人为正副会长,鲁迅和杨杏佛林语堂等为执行委员,六月,杏佛被刺,时盛传鲁迅亦将不免之说。他对我说,实在应该去送殓的。我想了一想,答道:"那么我们同去。"是日大雨,鲁迅送殓回去,成诗一首:

岂有豪情似旧时,花开花落两由之。
何期泪洒江南雨,又为斯民哭健儿。

这首诗才气纵横,富于新意,无异龚自珍。是日语堂没有到,鲁迅事后对我说:"语堂太小心了。"记得鲁迅刚由广州回上海不久,语堂在《中国评论周报》发表一文《Lusin》当然深致赞扬,尤其对于他在广州讲演魏晋风度,称其善于应变。有一天,我和鲁迅谈及,鲁迅笑着说:"语堂我有点讨厌,总是尖头把戏的。"后来,语堂谈小品文而至于无聊时,鲁迅曾写信去忠告,劝其翻译英文名著,语堂不能接受,竟答说这些事等到老时再说。鲁迅写信给我说:"语堂为提倡语录体,在此几成众矢之的，然此公亦诚太浅陋也。"

是年四月，鲁迅迁居北四川路大陆新村九号，来信说"……光线较旧寓为佳，此次过沪，望见访，并乞以新址转函铭之为荷。"他住在这里一直住到死，这是后人应该永远纪念的地方。

近年来，鲁迅因受禁锢，文章没有地方可以发表，虽则屡易笔名，而仍被检查者抽去，或大遭删削，鲁迅说："别国的检查不过是删去，这里却是给作者改文章，那些人物，原是做不成作家，这才改行做官的，现在他却来改文章了，你想被改者冤枉不冤枉。即使在删削的时候，也是删而又删，有时竟像讲昏话，使人看不懂。"

鲁迅有时也感到寂寞，对我详述独战的悲哀，一切人的靠不住，我默然寄以同情，但我看他的自信力很强，肯硬着头皮苦干。我便鼓励着说："这是无足怪的，你的诗'两间余一卒，荷戟独彷徨'，已经成为两间余一卒，挺戟独冲锋了。"相与一笑。

鲁迅说："章先生著《学弊论》所谓'凡学者贵其攻苦食淡，然后能任艰难之事而德操亦固。'这话诚然不错，然其欲使学子勿慕远西物用之美，而安守其固有之野与拙，则是做不到的。因为穷不是好事，必须振拔的。"

鲁迅的《中国小说史略》，日本的大学多用为教本，所以有增田涉的译本。其工作颇诚恳不苟，开译之前，特地来上海，亲就鲁迅寓所听其讲解，每日约费三小时，如是者好几个月。回国后，即整理笔记，开始翻译，有疑难时，则复以通讯请益，凡二年而始脱稿。印刷装订均极华美。出版后,增田氏以两册赠鲁迅,鲁迅即以一册题字赠我,并且笑着说:"我的著作在自己本国里,还没有这样阔气装璜过的。"

鲁迅一生做事最大目标是为大众,为将来。故于大众艺术和大众语文,晚年最所致力。(一)大众艺术,可以他的提倡木刻为代表。他不但创办木刻讲习会,自己担任口译,不但广搜现代欧洲的名作,开会展览,连我国古书中的木刻,有可给青年学子做参考材料的,也竭力搜罗善本而印行之,例如陈老莲的《博古叶子》,他写信给我说:"有周子竞先生名仁,兄识其人否?因我们拟印陈老莲插画集,而《博古叶子》无佳本,蟫隐庐有石印本,然其底本甚劣。郑君振铎言曾见周先生藏有此书原刻,极想设法借照,郑重处理,负责归还。兄如识周先生,能为一商洽否?"我因为子竞在上海,便函托蔡先生就近商借。又鲁迅对于青年木刻家,一方面鼓励,一方面予以不客气的批评,《鲁迅书简》中关于讨论木刻的很多,例如给李桦的诸信,言之甚详。

(二)大众语文,鲁迅发表了许多篇,如《汉字和拉丁化》《门外文谈》《中国语文的新生》《关于新文字》和《论新文字》。现在摘引一段如下:

现在写一点我的简单的意见在这里:
一、汉字和大众,是势不两立的。
二、所以,要推行大众语文,必须用罗马字拼音(即拉丁化，现在有人分为两件事，我不懂是怎么一回事），而且要分为多少区……

三、普及拉丁化，要在大众自掌教育的时候，现在我们所办得到的是：（甲）研究拉丁化法；（乙）试用广东语之类，读者较多的言语，做出东西来看；（丙）竭力将白话做得浅豁，使能懂的人增多，但精密的所谓"欧化"语文，仍应支持……

四、在乡僻处启蒙的大众语，固然应该纯用方言，但一面仍然要改进。……

五、至于已有大众语雏形的地方，我以为大可以依此为根据而加以改进，太僻的土语是不必用的。……（《且介亭杂文·答曹聚仁先生信》）

至于鲁迅的为将来，可以他的儿童教育问题为代表。"救救孩子"这句话是他一生的狮子吼，自从他的《狂人日记》的末句起，中间像《野草》的《风筝》说儿童的精神虐杀，直到临死前，愤于《申报·儿童专刊》的谬说，作《立此存照（七）》有云："真的要'救救孩子'。"（《且介亭杂文·附录》）他的事业目标都注于此。在他的《二十四孝图》中说："诅咒一切反对白话，妨害白话者。"就是为的儿童的读物。在他的《我们现在怎样做父亲》中有云："自己背着因袭的重担……此后幸福的度日，合理的做人。"因之对于儿童读物，费了不少心血，他的创作不待言，他的译品就有多篇是童话，例如《表》（全集第十四册)的译本,真是又新鲜,又有益。"为了新的孩子们,是一定要给他新作品,使他向着变化不停的新世界,不断的发荣滋长的。""十来年前,叶绍钧先生的《稻草人》是给中国的童话开了一条自己创作的路的。不料此后不但并无蜕变,而且也没有人追踪,倒是拼命的在向后转。……"(本书《译者的话》)不仅此也。鲁迅对于儿童看的画本,也有严正的指示,现在引一段在下面:

……画中人物,大抵倘不是带着横暴冥顽的气味,甚而至于流氓模样的,过的恶作剧的顽童,就是钩头耸背,低眉顺眼,一副死板板的脸相所谓"好孩子"。这虽然由于画家本领的欠缺,但也是取儿童为范本的,而从此又以作供给儿童仿效的范本。我们试一看别国的儿童画罢,英国沉着,德国粗豪,俄国雄厚,法国漂亮,日本聪明,都没有一点中国似的衰惫的气象。观民风是不但可以由诗文,也可以由图画,而且可以由不为人们所重的儿童画的。

顽劣,钝滞,都足以使人没落,灭亡,童年的情形,便是将来的命运。我们的新人物,讲恋爱,讲小家庭,讲自立,讲享乐了,但很少有人为儿女提出家庭教育的问题,学校教育的问题,社会改革的问题。先前的人,只知道"为儿孙作马牛",固然是错误的,但只顾现在,不想将来,"任儿孙作马牛",却不能不说是一个更大的错误。(《南腔北调集·上海的儿童》)

二三　和我的交谊

　　我和鲁迅生平有三十五年的交谊，彼此关怀，无异昆弟，例如他为我谋中山大学教书事，备极周到，已述于前第二十章。他的著译编印的书，出版后大抵都有惠赠给我，并且大抵有题字，弥足珍贵。例如《凯绥·珂勒惠支版画集》的题字（见第十一章），日译《支那小说史》的题字（见第二十二章），亦已述及，赠与稠叠，永留纪念。一九〇九年我和沈夫人结婚，鲁迅赠以《文史通义》和《校雠通义》。他知道我爱诵乡先生李慈铭的文章，即以厂肆所搜得的曾之撰刻《越缦堂骈体文集》四册给我。我读了，才知世传《孽海花》一书的作者曾朴，就是曾之撰的儿子，其序文明言令儿子朴受业为弟子。因之偶和鲁迅谈及，他即采入他的《中国小说史略》，云："……使撰者诚如所传，则改称李纯客者，实其李慈铭字莼客（见曾之撰《越缦堂骈体文集序》），亲炙者久，描写当能近实，而形容时复过度，亦失自然"（《中国小说史略·清末之谴责小说》）。足见鲁迅著书，取材和引例都费斟酌，具深心的。

吾越乡风，儿子上学，必定替他挑选一位品学兼优的做开蒙先生，给他认方块字，把笔写字，并在教本面上替他写姓名，希望他能够得到这位老师品学的薰陶和传授。一九一四年，我的长儿世瑛年五岁，我便替他买了《文字蒙求》，敦请鲁迅做开蒙先生。鲁迅只给他认识二个方块字：一个是"天"字，一个是"人"字，和在书面上写了"许世瑛"三个字。我们想一想，这天人两个字的含义实在广大得很，举凡一切现象（自然和人文），一切道德（天道和人道）都包括无遗了。后来，世瑛考入国立清华大学——本来打算读化学系，因为眼太近视，只得改读中国文学系，请教鲁迅应该看些什么书，他便开示了一张书单，现在抄录如下：

纪有功　宋人　《唐诗纪事》（四部丛刊本　又有单行本）

辛文房　元人　《唐才子传》（今有木活字单行本）

严可均　《全上古……隋文》（今有石印本，其中零碎不全之文甚多，可不看）

丁福保　《全上古……隋诗》（排印本）

吴荣光　《历代名人年谱》（可知名人一生中之社会大事，因其书为表格之式也。可惜的是作者所认为历史上的大事者，未必真是"大事"，最好是参考日本三省堂出版之《模范最新世界年表》）。

胡应麟　明人　《少室山房笔丛》（广雅书局本　亦有石印本）

二三　和我的交谊

《四库全书简明目录》（其实是现有的较好的书籍之批评，但须注意其批评是"钦定"的。）

《世说新语》　刘义庆　（晋人清谈之状）

《唐摭言》　五代王定保　（唐文人取科名之状态）

《抱朴子外篇》　葛洪　（内论及晋末社会状态）有单行本

《论衡》　王充　（内可见汉末之风俗迷信等）

《今世说》　王晫　（明末清初之名士习气）

以上所列书目，虽仅寥寥几部，实在是初学文学者所必需翻阅之书，他的说解也简明扼要。

一九一八年初夏，内子沈夫人由北京初到南昌，不及半月便病故。鲁迅远来函唁（可惜我在南昌收到的书函均已散失了），大意是说惊闻嫂夫人之丧，世兄们失掉慈母，固然是不幸，但也不尽然。我向来的意见，是以为倘有慈母，或是幸福，然若幼而失母，却也并非完全的不幸，因为他们也许倒成为更加勇猛，更无挂碍的男儿的……他真想得深刻，不是普通吊唁的套语。

一九一九年春初，伯兄铭伯先生应友人之邀，出席夜宴，忽患左体不遂症，次晨即命舍侄世瑢走访鲁迅，商量延医之事。那时我在南昌，后据瑢侄转述：鲁迅先生想了一想，便说这个病不容易完全治愈的。德医逖普耳太忙，法医某不很知悉，还是请意大利的儒拉来诊罢。伯兄因为和鲁迅平素气味相投，过从亦密，所以病中对于凡来存问的戚友，必先述鲁迅之言，德医如何如何，法医如何如何，还是意大利医生儒拉罢。其后亦曾遍觅良医，但是果然无效，计病二十九个月而殁，鲁迅闻讣即来吊。

一九三四年年冬，三女世瑒在嘉兴患扁桃腺炎，我远在北平，不及照顾，只好请内子陶伯勤往访鲁迅烦他绍介医师。他为人谋，最忠实不惮烦，阅下面的几封信便可了然：

第一封

霁弟兄：

二十三日嫂夫人携世瑒来，并得惠函，即同赴筱崎医院诊察，而医云扁桃腺确略大，但不到割去之程度，只要敷药约一周间即可。因即回乡，约一周后再来，寓沪求治，如此情形，实不如能割之直捷爽快，因现在则虽治好，而咽喉之弱可知，必须永远摄卫；且身体之弱，亦与扁桃腺无关，当别行诊察医治也。后来细想，前之所以往筱崎医院者，只因其有专科，今既不割，而但敷药，内科又须另求一医诊视，所费颇多，实不如另觅一兼医咽喉及内科者之便当也。弟亦识此种医生，俟嫂夫人来沪时，当进此说，想兄必亦以为是耳。又世瑒看书一久，辄眼酸，闻中国医曾云患沙眼，弟以问筱崎医院，托其诊视，则云不然，后当再请另一医一视。或者因近视而不带镜，久看遂疲劳，亦未可知也。舍下如常，可释远念。匆布，即请。

道安

弟飞顿首十月二十七日

二三　和我的交谊

第二封

季茀兄：

惠函早收到。大约我写得太模胡，或者是兄看错了，我说的是扁桃腺既无须割，沙眼又没有，那么就不必分看专门医，以省经费，只要看一个内科医就够了。

今天嫂夫人携世瑒来，我便仍行我的主张，换了一个医生，他是六十多岁的老手，姓须藤，经验丰富，且与我极熟，决不敲竹杠的。经诊断之后，他说关键全在消化系，与扁桃腺无关，而眼内亦无沙眼，只因近视而不戴镜，所以容易疲劳。眼已经两个医生看过，皆云非沙眼，然则先前之诊断，不大可怪耶。

从月初起，天天发热，不能久坐，盖疲劳之故，四五天以前，已渐愈矣。上海多琐事，亦殊非好住处也。

专此布达，并请

道安

弟飞顿首十一月廿七日

第三封

季茀兄：

顷奉到十二月五日惠函，备悉种种。世瑒来就医时，正值弟自亦隔日必赴医院，同道而去，于时间及体力，并无特别耗损，务希勿以为意。至于诊金及药费，则因与医生甚熟，例不即付，每月之末，即开账来取，届时自当将世瑒及陶女士之账目检出寄奉耳。

弟因感冒，害及肠胃，又不能悠游，遂至颓惫多日，幸近已向愈，胃口亦渐开，不日当可复原，希勿念为幸。

专此布复，并颂

曼福

弟飞顿首十二月九日

一九三五年七月，长女世琯和汤兆恒在上海新亚酒家结婚。我因为国难期间，不敢发柬，但是戚友来者已不少，鲁迅一向不肯出门酬应，独对于我是例外，那天下午偕景宋挈海婴惠然来贺，并且到得很早。郑介石君来翻阅来宾签名簿，见"周树人"三个字，便忻然问我：周先生也来了吗？我遂导引上屋顶花园，他们相见，非常高兴，因为已经阔别好几年了。近来我读《鲁迅书简》（一九四六年出版），才知道他为我费去许多宝贵的光阴。"……月初因为见了几回一个老朋友，又出席于他女儿的结婚，把译作搁起来了，后来须赶译，所以弄得没有工夫。"（本书）觉得他的光临是非常忻幸，但是耽误了他的译作又是抱歉万分！

二四　日常生活

　　鲁迅出学校以后，从事战斗的新文艺工作，亘三十年。这三十年间始终维持着最朴素的学生和战士的生活，"焚膏油以继晷，恒兀兀以穷年"，节衣缩食以购图书，以助穷苦青年的学费。景宋说得好："'囚首垢面而谈诗书'，这是古人的一句成语，拿来转赠给鲁迅先生，是很恰当的。我推测他的所以'囚首垢面'，不是故意惊世骇俗，老实说，还是浮奢之风，不期引起他的不重皮相，不以外貌评衡一般事态，对人如此，对自己也一样。"又说："说到废纸做信封，我更忆起他日常生活之一的惜物。……他则正惟其如此，日积月累地，随时随地可省则省，留有用的金钱，做些于人于社会有益的事。不然，不管他如何大心助人，以区区收入，再不处处俭省，怎能做到他当时所愿做的呢。"（《新中国文艺丛刊》三，景宋：《鲁迅的日常生活》）

　　关于他的衣着，他在南京读书时，没有余钱制衣服，以致夹袴过冬，棉袍破旧得可怜，两肩部已经没有一点棉絮了。这是他逝世以后，母太夫人才告诉我的。他在杭州教书时，仍旧着学生制服，夏天只做了一件白羽纱长衫，记得一直到十月天冷为止。后来新置了一件外套，形式很像现今的中山装，这是他个人独出心裁，叫西服裁缝做成的，全集第八册插图，便是这服装的照片。他的鞋是革制而遮满足踝的。我还记得他在绍兴中学堂教书时，有过一件皮鞋踢鬼的趣事：他的家和学堂的距离颇远，中间有一条近路，是经过义冢堆的。有一天晚上，在学堂里弄得时候迟了，回家时，心想走那一条路呢。决定仍走近路，两边草长得很高，忽地望见正面有个白东西毫不做声地停住着，而且渐渐变为矮小，终于成为石头那样不动了。他当时有些踌躇，这样深夜，会有人在这样地方行动，大约是所谓"鬼"罢？对这恶物的袭来，是"进攻"还是"退却"呢？短时间的决定：还是冲上去，而且走到这白东西的旁边，便用硬底皮鞋先踢了出去，结果那白东西呵唷一声，站起来向草中逃去了，鲁迅终于不晓得这是什么东西，他后来讲到这趣事时，笑着说："鬼也是怕踢的，踢他一脚，就立刻变成人了。"他到广州以后，少着皮鞋，改用黑色帆布面胶底的了。

关于他的饮食，饭菜很随便，惟不很喜吃隔夜菜和干咸品，鱼蟹也少吃，为的怕去骨和剥壳的麻烦。除饮茶和吸烟外，并无嗜好。茶用清茶，烟草用廉价品，每日大概需五十支。早上醒来便在卧帐内吸烟，所以住会馆时，他的白色蚊帐熏成黄黑，还有一段趣事，即本书第五章所说："火车上让坐给老妇人，弄得后来口渴，想买茶而无钱，"原因也是在爱吸烟草；有一天，他从东京回仙台，付过了房饭钱，和人力车钱，买好了火车票之后，口袋里只剩两角银货和两个铜板了。因为火车一夜就到，他的学费已经先由公使馆直寄学校留交了。他大胆地把这两角钱统统买了烟。自以为粮草已足，百事无忧，扬长登车去了。不料车到某站，众客拥挤而上，车内已无余坐，鲁迅便对一位老妇人起立让坐，她因此感激，谢了又谢，攀谈既久，馈以一大包咸煎饼。鲁迅大嚼之余，便觉口渴，到了一站，便唤住卖茶者，但立刻记得口袋中的情形，支吾一声不要买了。但是老妇人已经听得他的唤茶而不买，以为是时间来不及之故，到了次一站，她便代为唤住，鲁迅只好推托说，我现在不渴了。于是她买了一壶送给他，他也不客气，一饮而尽。有谁知道他的口袋中只有两个铜板呢？（参阅拙著《回忆鲁迅》）他不敢多喝酒，因为他的父亲曾有酒脾气，所以他自己很有节制，不敢豪饮。他爱吃辣椒。我当初曾问他何时学会吃辣，他只答道在南京读书时，后来才告诉我：因为夹裤过冬，不得已吃辣椒以御寒气，渐渐成为嗜好，因而害及胃的健康，为毕生之累。他发胃病的时候，我常见他把腹部顶住方桌的角上而把上身伏在桌上，这可想见他胃痛的厉害呀！

　　鲁迅能健谈，和他相处，随便聊天，也可见其胸怀磊落，机智疾流，有光风霁月之概。所谈有种种，或叙述，或评论，或笑话或悲愤，都令人感到亲切和痛快。可惜我当时没有把它记录下来，损失至巨。李霁野说得好："……从他的脸上可以看出他所经历的人生经验是何等深刻，他谈话时的两眼显然表示着他的观察是何等周密和锐敏，听到不以为然的事时，他的眉头一皱，从这你也不难看出他能感到怎样的悲愤。笑话是常有的但却不是令人笑笑开心的笑话，那里面总隐藏着严肃和讽刺，他的谈锋和笔锋一样，随时有一针见血的地方，使听者觉得这是痛快不过的谈吐。"有人以为鲁迅好骂，其实不然，我从不见其谩骂，而只见其慎重谨严。他所攻击的，虽间或系对个人，但因其人代表着某一种世态，实为公仇，决非私怨。而且用语极有分寸，不肯溢量，仿佛等于称过似的。要知道：倘说良家女子是婊子，才是骂，说婊子是婊子，那能算是骂呢？

鲁迅写字用毛笔而不用墨水笔，这是很值得注意的一件事，因为根据他的经验和理论都是拥护后者的。他在学生时代记讲义都是用后者，而且记得很清晰纯熟，又很美观；对于禁用后者又曾反对，以为学生用后者写字当然比前者来得便当而且省时间。他说："据报上说，因为铅笔和墨水笔进口之多，有些地方已在禁用，改用毛笔了。……倘若安砚磨墨，展纸舐笔，则即以学生的抄讲义而论，速度恐怕总要比用墨水笔减少三分之一，他只好不抄，或者要教员讲得慢，也就是大众的时间被白费了三分之一了。所谓'便当'并不是偷懒，是说在同一时间内，可以由此做成较多的事情，这就是节省时间，也就是使一个人的有限的生命，更加有效，而也即等于延长了人的生命。古人说：'非人磨墨墨磨人，'就在悲愤人生之消磨于纸笔中，而墨水笔之制成，是正可以弥这缺憾的。"(《准风月谈·禁用和自造》)话虽如此，但是他的全集的原稿可说全是用毛笔写；其余未印的二十五年间的日记和已印未印的几千通的书简也都是用毛笔写的。这用毛笔的原因，大概不外乎（一）可以不择纸张的厚薄好坏；（二）写字"小大由之"，别有风趣罢。

鲁迅对于书籍的装饰和爱护，真是无微不至。他所出的书，关于书面的图案，排字的体裁，校对的仔细认真，没有一件不是手自经营，煞费苦心。他用的图案总是优美的，书的天地头及题目左右总是宽裕的。他常说："字排得密密层层，不留余地，令人接在手里有一种压迫感。"又说，"书的每行的头上，倘是圈，点，虚线，括弧的下半（﹚，）的时候，是很不好看的。我先前做校对人的那时，想了一种方法，就是在上一行里，分嵌四个'铅开'，那么，就有一个字挤到下一行去，好看得多了。"经他校过的书，错误是很少很少的。关于线装书，内容有缺页的，他能够抄补；形式有破烂的。也能够拆散，修理，重装完好；书头污秽的，能用浮水石把它磨干净；天地头太短的也能够每页接衬压平，和北平玻璃厂肆的书匠技术一样高明。他喜欢毛边不切的书，说光边好像和尚头似的；尤其喜欢初印红字本，所以我以初印红字本章氏丛书续编赠送，他接在手里，非常高兴。由于他的爱护书籍，纤悉必至，有人把他珍藏的书，借去弄得污损了，他非常悲叹，不叹书而叹那人的心的污浊，即此一端，便可推见其爱护民族爱护人类的大心！

总之，鲁迅一生的起居是很朴素的，刻苦耐劳的，始终维持着学生和战士的生活。最后的十年间，有景宋夫人的照料，饮食较为舒适，然她自己还以为罪过，说："记不清有谁说过，鲁迅的生活，是精神胜于物质。的确的，他日常起来迟了，多在十一时余，那么午饭就吃不下了。这样一起床就开始工作，有时直至吃夜饭才用膳，也不过两三种饭菜，半杯薄酒而已。想起来却是我的罪过，不会好好地注意他的营养，到后来，好像灯油的耗尽，那火光还能支持吗？"他的寝具一向是用板床薄被，到上海后，才改用最普通的铁床。书桌旁边放着一张藤躺椅，工作倦了，就在这椅上小坐看看报纸，算作休息而已。

二五　病　死

　　终于说到鲁迅的病死了！他因患肺结核而死。这样可怕的病，当初并不以为意，其实是伏根很早，从少年时已然，至少曾发过两次，又曾生重症肋膜炎一次，以致肋膜变厚，不通 X 光，但当初竟并不医治，且不自知其重病，而自然痊愈者，盖身体底子极好之故。到了一九三六年五月，就是他临死四个月前，美国 D 医师来诊，也说他是最能抵抗疾病的人。

　　……大约实在是日子太久，病象太险了的缘故罢，几个朋友暗自协商定局，请了美国的 D 医师来诊察了。他是在上海的唯一的欧洲的肺病专家，经过打诊，听诊之后，虽然誉我为最能抵抗疾病的典型的中国人，然而也宣告了我的就要灭亡，并且说，倘是欧洲人，则在五年前已经死掉。这判决使善感的朋友们下泪。我也没有请他开方，因为我想，他的医学从欧洲学来，一定没有学过给死了五年的病人开方的法子，然而 D 医师的诊断却实在是

极准确的,后来我照了一张用 X 光透视的胸像,所见的景象,竟大抵和他的诊断相同。(《且介亭杂文附集·死》)

他的身体底子虽好,却经不起多年的努力和苦斗,以致陷入这种重病中,病危之后,还是力疾工作,不肯小休,而且"要赶快做",这年四月五日,他寄给我的信中,述及病情,有云:

我在上月初骤病,气喘几不能支,注射而止,卧床数日始起,近虽已似复原,但因译著事烦,终极困顿。倘能优游半载,当稍健,然亦安可得哉?

信中并不说明肺病,我又疏忽胡涂,以为不过是重感冒之类,所以回信只劝他节劳调摄而已。到了五月下旬,我因公事至南京,二十九日特地往上海去看他,才知病势沉重,胃口不开,神色极惫,不愿动弹,两胫瘦得像败落的丝瓜,看了真叫人难受,这一天,须藤医师给他注射强心剂。三十一日,我再去看他,似乎已略有转机,便劝他务必排遣一切,好好疗养半年,他很以为然说:"我从前总是为人多,为己少,此后要想专心休养了。"这一天的下午,便是上述的 D 医师来诊,宣告病危。我返北平以后,景宋来信虽说病体已转危为安,然而仍不肯入院疗治。六月五日,孙夫人宋庆龄先生在病院中,写信慰问鲁迅,劝其马上入院医治,说:"……你的生命,并不是你个人的,而是

二五 病 死

属于中国和中国革命的！为着中国和革命的前途，你有保存，珍重你身体的必要，因为中国需要你，革命需要你！"但是鲁迅仍不肯住院或转地疗养，他觉得如果"中国需要你，革命需要你"，就更不应该自己轻易舍去。六月五日以后，精神委顿，便不能按日写日记了！一直到六月三十日，他有一段追记如下：

自此（五日）以后，日渐委顿，终至艰于起坐，遂不复记，其间一时，颇虞奄忽。但竟渐愈，稍能坐立诵读，至今则可略作数十字矣，但日记是否以明日始，则近颇懒散，未能定也。六月三十日下午大热时志。

七月一日起，鲁迅居然又按日写日记了，直至十月十八日，——逝世前夕始止。兹录一段如下：

七月一日，晴热。上午得文尹信。午季茀来，并赠橘子及糖果。下午须藤先生来注射 Takamol 是为第四次。……

这一天，我刚由北平到上海，所以立刻去慰问，看他的病体确已渐臻恢复，甚为忻喜，他告诉说，"医师劝我转地疗养，我正在考虑中，国内是无处可走，国外则如东京之类，来客必多，亦非静养之地，俟后再定。"我竭力怂恿出国疗养，回家后还去信催问动身日期。他七月十七日复信云：

季茀兄：

　　三日惠示早到。弟病虽似向愈，而热尚时起时伏，所以一时未能旅行。现仍注射，当继续八日或十五日，至尔时始可定行止，故何时行与何处去，目下初未计及也。

　　顷得曹君信，谓兄南旋，亦未见李公，所以下半年是否仍有书教，毫无所知，嘱弟一探听。如可见告，乞即函知，以便转达，免其悬悬耳。

　　目前寄上版画一本，内容尚佳，想已达。

　　专此布达，即请

　　道安

弟树顿首七月十七日

　　可怜！旅行之期始终未能决定。隔了十天，（七月二十七日）我回北平，道经上海，再去看他，身体虽瘦，精神已健，确乎已转危为安，只须好好调养罢了。我们长谈一日，他以手自经营，精印题词的《凯绥·珂勒惠支版画选集》赠我。（参阅本文第十一）到了晚九时，我握着这本选集告别，他还问我几时再回南并且下楼送我上车，万不料这竟就是他题词赠我的最后一册，万不料"这一去，竟就是我和他相见的末一回，竟就是我们的永诀！"

　　十月十九日上午，我在北平便得了电传噩报，知道上午五时二十五分，鲁迅竟尔去世了。我没法想，不能赶去执绋送殡，只

二五 病 死

打了一个电,略云:"上海施高塔路大陆新村九号,许景宋夫人,豫才兄逝世,青年失其导师,民族丧其斗士,万分哀痛,岂仅为私,尚望善视遗孤,勉承先志……。"鲁迅的寿仅五十六岁,其致死之由,我在拙著《怀亡友鲁迅》文中,举出三点:(一)心境的寂寞,(二)精力的剥削,(三)经济的压迫,而以这第(三)为最大的致命伤。他大病中所以不请D医开方,大病后之不转地疗养,"何时行与何处去",始终踌躇着,就是为了这经济的压迫。鲁迅毕生为反帝反封建而奋斗,淡泊自甘,痛恶权势,受禁锢而不悔,受围攻而不屈,受诬蔑不知若干次;翻译几本科学的文艺理论,就诬他得了苏联的卢布,出版一本《南腔北调集》,就诬他得了日本万金,意在卖国,称为汉奸;爱罗先珂从中国到德国,说了些中国的黑暗,北洋军阀的黑暗,就说这些宣传,受之于他,因为他的女人是日本人,所以给日本人出力;给一个毫不相干的女士做了一篇《〈淑姿的信〉序》,就说她是他的小姨;"一二八"战事骤起,寓所突陷火线中,得日本人内山完造设法,才避居于其英租界支店的楼上几天,就说他托庇于日本间谍。鲁迅对这些诬蔑,能够愤而安之,"细嚼黄连而不皱眉"。惟独在病势沉重之际,对于抗日的统一战线的态度,因为有人诬陷他,则不能不扶病明白答复,主张不分派别,一致联合来抗日的。他说:"我赞成一切文学家任何派别的文学家,在抗日的口号之下统一起来的主张,""我以为文艺家在抗日问题上的联合是无条件的,只要他不是汉奸,愿意或赞成抗日,则不论叫哥哥妹妹,之乎者也,或鸳鸯蝴蝶都无妨。""我以为在抗日战线上是任何抗日力量都应当欢迎的。"(《且介亭杂文末编·答徐懋庸并关于抗日统一战线》)他又在《论现在我们的文学运动》(《且介亭杂文·附集》),强调为了民族生存上,非和日本侵略者决战不可。"因为现在中国最大的问题,人人所共的问题,是民族生存的问题。……而中国的唯一的出路,是全国一致对日的民族革命战争。"果然,他的文字的感召力极强,所以死后不到一年,伟大的神圣的全国抗战开始了!

鲁迅之丧,我虽挂名为治丧委员之一,却是未能实际赶到参加。景宋曾寄给我一大套丧仪的照片,大约有三四十张,我看了下泪。关于丧仪的盛况,是有一种特色的,报章杂志上都记载得很详,现在取其叙述简单的内山完造(他也是治丧委员之一)的《鲁迅先生》文中一二节如下:

……二十日和二十一日在万国殡仪馆瞻仰遗容的期间,有一万人光景从朝到晚作着长蛇形的行列。二十二日出殡,虽说是下午两点钟,可是从早晨就开始拥塞进来的群众,围绕着遗体,几乎连出殡的道路都没有的。

谁也没有下过命令,没有做过邀请,也没有预先约好,而送葬的行列,却有六千人光景的大众,而且差不多全是青年的男人和少年。旗子挽联,都是棉布的;拿花圈的也罢,拿旗子挽联的也罢,全部是送葬的人。而且,除了主治医生一个人之外,一辆

二五 病 死

自备汽车也没有,仅仅由"治丧委员会"租来九辆汽车(按时间计算租金)。一个僧侣也没有,一个牧师也没有,一切都由八个治丧委员办了。这等等,毫无遗憾地发挥着被葬者的人格。两小时半的大行进,一丝未乱,什么事故也没有出。到完全入好穴的辰光,是上弦月开始放射青辉到礼堂上的下午六时了。

内山完造是鲁迅的好友,基督教徒,内山书店的老板,其人好义有识见,抗战中,鲁迅的冢墓被敌伪毁坏了,后忽有人把它完全修复而不以告人。据景宋说,想必是出于他的慷慨而不肯居功。

我和吾友罗膺中,为要永久保留鲁迅的手迹、遗物,以及工作室的全部情形起见,曾经同至西三条胡同住宅,照了十几张相片,以存纪念,且以一套邮寄给景宋。

至于哭挽鲁迅的诗和文,当然很多,我仅就吾友中,选录许季上(丹),张冷僧(宗祥)的诗各一首,马幼渔(裕藻),罗膺中(庸)的挽词备一联,附录于下,以见一斑。

许季上《哭豫才兄》

惊闻重译传殇死
坐看中原失此人。
两纪交情成逝水,

鲁迅传

一生襟抱向谁陈。
于今欲杀缘无罪,
异世当知仰大仁,
岂独延陵能挂剑,
相期姑射出埃尘。

张冷僧《哭豫才诗》

老友飘零剩几人,
海滨惊报损愁身。
文章几度疑戕命,
魑魅千年见写真。
别有烦冤天莫问,
但余慈爱佛相亲。
呕心沥血归黄土,
天下黔娄识苦辛。

马幼渔《挽豫才联》

热烈情绪,冷酷文章,直笔遥师蓟汉阁;
清任高风,均平理想,同心深契乐亭君。

罗膺中《集遗诗句挽鲁迅先生联》

二五 病 死

荷戟独彷徨，岂惜芳心遗远者；
大圜犹酩酊，如磐夜气压重楼。

翌年一月我利用假期回南，特至万国公墓，在鲁迅墓前献花圈以申哀吊，归途成《哭鲁迅墓诗》一首，附录于此，以终斯记：

身后万民同雪涕，
生前孤剑独冲锋。
丹心浩气终黄土，
长夜凭谁叩晓钟。

读后记

在新旧转变期中的一个文化工作，社会改革者如鲁迅先生，我们任何人都可以研究他，这是超乎捧与骂的一种任务。如众所知，就他三十年的文笔生涯，正是研究近代文化史的不可少的强有力的佐证。但是，关于这方面，仅只从作者自身是不够的，因之有渴求同时代有关系者的揭发。

许季茀先生是鲁迅先生的同乡，同学。而又从少年到老一直友好，更兼不时见面，长期同就职于教育部，同执教于各地，真可以算是知无不言，言无不尽的知己好友。在这种弥足珍贵的情谊之下，我敢于请求许先生写回忆，谅来不是冒昧的。

他们两位是知交，个性却不大相同。间尝体察，他们在侃侃畅谈的时候，也会见解略异。首先必是鲁迅先生蹦起面孔沈默着。但过不多时，彼此又水乳交融，毫无隔阂地谈起来了。不但和许先生如此，有时遇见别的老友齐寿山邵铭之先生等也会有此情状的。奇怪的是齐、邵先生等也和许先生一样，稍稍沈默之后又欢快地交谈了。鲁迅先生时常坚信地说:"季茀他们对于我的行动,尽管未必一起去做,但总是无条件地承认我所做的都对。"就这样,他们的友谊互相坚守信赖。就这样,鲁迅先生常常引以自豪,认为生平有几个生死不渝的至友。

有时也会听见鲁迅先生批评许先生人太忠厚了,容易被伪善者的假装所蒙蔽:他相信这人是好的,结果却会是或明或暗地首先反对他。因此时常为许先生操心。我也部分地同意鲁迅先生的话。因为在女师大风潮发生的时候,坚持拥护杨荫榆暗暗反对许先生的,就是他委以女附中主任的那一位。她有权术威胁那些毕业与快毕业的女中学生,不得不拥护杨荫榆。使转眼之间,从女中转入女师大的同学态度为之丕变。使整个学生团体立刻分裂为二。

然而许先生的忠厚却赢得鲁迅先生的友情。不,他们互相的忠厚,真诚地遇见了。许先生一生朋友中,毕竟还有鲁迅先生其人在内,因此又可以说鲁迅先生的操心是过于仁慈了。只要把握着这份友情,其余何足道呢?他们像友爱的亲兄弟般相处,同仇敌忾,一见于对章士钊的暴谬,再见于广东中山大学的辞职,无患得患失之心,惟大义懔然是见,求之古人,亦不多遇,世情破薄之秋,得此顽廉懦立了。

被五四潮流激荡了的青年,求知心是非常迫切的。不甘于初师毕业了此一生的我,原希望入大学,而被经济限制了,转而投入女师大,因此幸运地得在许先生当校长时滥充一学生。他和蔡子民先生约定，凡北大有学术讲演，女师大学生可以尽量参加，而所有教师，也多自北大延聘。因此把女师大学生的程度无形提高了，这都是由于许先生苦心孤诣的布置。然而挡不住一些拥护女人长女校的醉心之徒的播弄，在我入学校一年之后许先生辞职了。随着北大派的教员也陆续解聘。继之而来的是不孚众望的人物，提高程度马上要相反地受阻遏。在锦绣满身，以文凭为增饰声价者流自然毫不在意的。然而在千辛万苦，半工半读的自觉青年却觉得是无比的打击。因之风潮一发生，就坚不可拔。而许先生那时也自觉系铃解铃，非己莫属，不忍袖手旁观，毅然在师生共同维持的小小局面的宗帽胡同临时学校里担任职务，直至学校恢复，才始让贤而退。说到这里，我记起许先生说："鲁迅对人，多喜欢给予绰号。"确是不错。我的脾气，平常是不大奔走师长之门的。但为了学校的事情，需要预备些官样文章如写呈文之类，我们是不大内行的，有时就迫得跑到鲁迅先生府上去请教。一进门，耳边常听说"害马来了。"四顾又没有旁人，有时许先生却在坐微笑。真弄得莫明其妙。后来听的次数多起来，才猜出是在给我起的绰号。原来杨荫榆把六个学生自治会的职员开除了，理由大约说是："以免害群"。于是我们便成了害群之马。直到现在，还在社会做"害马"。

回忆是不轻的沈痛。幸而许先生能在沈痛中淘净出一些真材实料，为我辈后生小子所不知不见，值得珍贵，而也给热心研究这一时代一个文化工作者的一点真相。就是吉光片羽罢，也弥足

读后记

珍视的了。除了许先生，我们还能找到第二个人肯如此写出吗？这不但是我私人的感幸。

许先生来信一定要嘱我写篇序。他是我的校长，是严师，我不敢也不配写序的。却又不能重违师命，为读后记。

中华民国三十六年九月九日
许广平

下篇　我所认识的鲁迅

我所认识的鲁迅

鲁迅小说第一集《呐喊》，识者都称为中国新文艺上真正的，划时代的杰作。其最初的一篇《狂人日记》，发表于一九一八年五月，正是五四运动的前一年，"从此以后，便一发而不可收"，写了十余篇，结集起来，称为《呐喊》。

其实，鲁迅的呐喊声并不是五四运动的时候才起的。一九〇三年他二十三岁所作的《斯巴达之魂》（《集外集》），便是借了异国士女的义勇来唤起中华垂死的国魂。一九〇七年，他二十七岁所作的《文化偏至论》《摩罗诗力说》等（《坟》），都是怵于当时一般新党思想的浅薄猥贱，不知道个性之当尊，天才之可贵，于是大声疾呼地来匡救，所谓"自觉之声发，每响必中于人心，清晰昭明，不同凡响"，实在是绍介那时欧洲新文艺思潮的第一人。一九〇八年他翻译的小说（《域外小说集》的一部分）也是如此。

鲁迅的头脑受过科学的锻炼的，眼光极锐敏，心极细而胆极大。他敢正视人生，冲破黑暗，指出国民性的缺点。"中国人的不敢正视各方面，用瞒和骗，造出奇妙的逃路来，而自以为正路。在这路上，就证明着国民性的怯弱，懒惰，而又巧滑。一天一天的满足着，即一天一天的堕落着，但却又觉得日见其光荣。在事实上，亡国一次，即添加几个殉难的忠臣，后来每不想光复旧物，而只去赞美那几个忠臣；遭劫一次，即造成一群不辱的烈女，事过之后，也每每不思惩凶，自卫，却只顾歌咏那一群烈女。……中国人向来因为不敢正视人生，只好瞒和骗，由此也生出瞒和骗的文艺来，由这文艺，更令中国人更深地陷入瞒和骗的大泽中，甚而至于已经自己不觉得。世界日日改变，我们的作家取下假面，真诚地，深入地，大胆地看取人生并且写出他的血和肉来的时候早到了；早就应该有一片崭新的文场，早就应该有几个凶猛的闯将！"（《坟·论睁了眼看》）他敢猛烈地攻击虚伪，"我总不相信国粹家道德家之类的痛哭流涕是真心，即使眼角上确有珠泪横流，也须检查他手巾上可浸着辣椒水或生姜汁。什么保存国故，什么振兴道德，什么维持公理，什么整顿学风……心里可真是这样想？一做戏，则前台的架子，总与在后台的面目不相同。但看客虽然明知是戏，只要做得像，也仍然能够为它悲喜，于是这出戏就做下去了；有谁来揭穿的，他们反以为扫兴。……然而看看中国的一些人，至少是上等人，他们的对于神，宗教，传统的权威，是'信'和'从'呢，还是'怕'和'利用'？只要看他们的善于变化，毫无特操，是什么也不信从的,但总要摆出和内心两样的架子来。"(《华盖集续编·马上支日记(七月二日)》)揭穿假面,毫不留情。这是他的伟大之处。

鲁迅的头脑虽极冷静,而赤血极热烈,意志极坚强,明明感到寂寞,无可措手的了,"凡有一人的主张,得了赞和,是促其前进的,得了反对,是促其奋斗的,独有叫喊于生人中,而生人并无反应,既非赞同,也无反对,如置身毫无边际的荒原,无可措手的了,这是怎样的悲哀呵,我于是以我所感到者为寂寞。"(《呐喊·自序》)但是他决不灰心,决不妥洽,总要拼命地刻苦地干下去,奋斗到底。"对于旧社会和旧势力的斗争,必须坚决,持久不断,而且注重实力。……我们急于要造出大群的新的战士,但同时,在文学战线上的人还要'韧'。"(《二心集·对于左翼作家联盟的意见》)主张韧性的战斗,这又是他的伟大之处。

鲁迅对于民族解放事业,坚贞无比,在一九〇三年留学东京时,赠我小像,后补以诗,曰:

灵台无计逃神矢,风雨如磐暗故园。
寄意寒星荃不察,我以我血荐轩辕。

三十余年来,刻苦奋斗以至于死,完全是为中华民族的生存而牺牲,一息尚存,不容稍懈;思想只管向前迈进,而主义却是始终一贯的。他的著译已经印行者不下五十种,单是创作方面就有二百万言,这都是心血的贡献,永远不朽的。又其最近作《半夏小集》里有这样的话：

　　用笔和舌，将沦为异族的奴隶之苦告诉大家，自然是不错的，但要十分小心，不可使大家得着这样的结论："那么，到底还不如我们似的做自己人的奴隶好。"

　　……

　　这是明亡后的事情。

　　凡活着的，有些出于心服，多数是被压服的。但活得最舒服横恣的是汉奸；而活得最清高，被人尊敬的，是痛骂汉奸的逸民。后来自己寿终林下，儿子也不妨应试去了，而且各有一个好父亲。至于默默抗战的烈士，却很少能有一个遗孤。

　　我希望目前的文艺家，并没有古之逸民气。（《作家月刊》二卷一号）

　　当此民族危机已经到了最后关头的时候，愿我国民一齐奋斗，汉奸自然应该打倒，逸民气也万不可有，这才是真正地纪念鲁迅！

一九三六年十月二十七日

怀亡友鲁迅

"旧朋云散尽,余亦等轻尘!"这是鲁迅哭范爱农的诗句,不料现在我在哭鲁迅了!怀念"平生风谊兼师友",我早该写点东西了!可是总不能动手,挥泪成文,在我是无此本领的。目前有《益世报》记者来要我关于鲁迅的文字,屡辞不获,匆匆写了一短篇,题曰《我所认识的鲁迅》,聊以塞责,未能抒怀。现在《新苗》又快要付印,就献给这一篇:先叙回忆,次述其致死之由,最后则略及其生平和著作。

一 三十五年的回忆

三十五年来,对于鲁迅学术研究的邃深和人格修养的伟大,我是始终佩服的。一九〇二年夏,我往东京留学,他也是这一年由南京矿路学堂毕业派往的,比我早到若干日,我们在弘文学院同修日语,却是不同班(我在浙江班,他在江南班)。他此后的略历如下：

　　1902年～04年夏　　弘文学院预备日语

　　1904年秋～06年春　　入仙台医学专门学校

　　1906年春～09年春　　在东京研究文学兼习德文俄文

　　1909年春～10年夏　　归国，在杭州任浙江两级师范学堂生理学及化学教员

　　1910年秋～11年冬　　在绍兴，任中学堂教务长，师范学校校长

　　1912年春～26年夏　　一九一二年春任南京教育部部员，同年夏部迁北京任科长佥事，一九二〇年起兼任北京大学，师范大学，女子师范大学讲师

　　1926年秋冬　　任厦门大学教授

　　1927年春夏　　在广州任中山大学教授兼教务长

　　1927年秋～36年10月19日　　在上海专事著译

　　自一九〇二年秋至一九二七年夏，整整二十五年中，除了他在仙台，绍兴，厦门合计三年余，我在南昌（一九一七年冬～一九二〇年底）三年外，晨夕相见者近二十年，相知之深有如兄弟。一九二七年广州别后，他蛰居上海，我奔走南北，晤见虽稀，音问不绝。

　　鲁迅在弘文时，课余喜欢看哲学文学的书。他对我常常谈到三个相联的问题：一，怎样才是理想的人性？二，中国国民性中最缺乏的是什么？三，它的病根何在？这可见当时他的思想已经

怀亡友鲁迅

超出于常人。后来,他又谈到志愿学医,要从科学入手,达到解决这三个问题的境界。我从此就非常钦佩:以一个矿学毕业的人,理想如此高远,而下手工夫又如此切实,真不是肤浅凡庸之辈所能梦见的。学医以后,成绩又非常之好,为教师们所器重。可是到了第二学年春假的时候,他照例回到东京,忽而"转变"了。

"我退学了。"他对我说。

"为什么?"我听了出惊问道,心中有点怀疑他的见异思迁。"你不是学得正有兴趣么?为什么要中断……"

"是的,"他踌躇一下,终于说,"我决计要学文艺了。中国的呆子,坏呆子,岂是医学所能治疗的么?"

我们相对一苦笑,因为呆子坏呆子这两大类,本是我们日常谈话的资料。《呐喊·自序》文里写这"转变"的经过很详细。

……有一回,我竟在画片上忽然会见我久违的许多中国人了,一个绑在中间,许多站在左右,一样是强壮的体格,而显出麻木的神情。据解说,则绑着的是替俄国做了军事上的侦探,正要被日军砍下头颅来示众,而围着的便是来赏鉴这示众的盛举的人们。

这一学年没有完毕,我已经到了东京了,因为从那一回以后,我便觉得医学并非一件紧要事,凡是愚弱的国民,即使体格如何健全,如何茁壮,也只能做毫无意义的示众的材料和看客,病死多少是不必以为不幸的。所以我们的第一要著,是在改变他们的精神,而善于改变精神的是,我那时以为当然要推文艺,于是想提倡文艺运动了。

他对于这文艺运动,——也就是对于国民性劣点的研究,揭发,攻击,肃清,终身不懈,三十年如一日,真可谓"鞠躬尽瘁,死而后已",这是使我始终钦佩的原因之一。

我们今年晤面四回,他都是在病中,而以七月二十七日一回,病体的情形比较最佳,确乎已经是转危为安了。谈话半天,他留我晚饭,赠我一册病中"手自经营",刚才装订完成的《凯绥·珂勒惠支版画选集》,并于卷端手题小文:

印造此书,自去年至今年,自病前至病后,手自经营,才得成就,持赠季茀一册,以为纪念耳。

到了九时,我要去上京沪夜车了,握着这版画集告别,又忻喜,又惆怅,他还问我几时再回南,并且送我下楼出门,万不料这竟就是他题字赠我的最后一册,万不料"这一去,竟就是我和他相见的末一回,竟就是我们的永诀。"

二　致死之由

鲁迅所患的是肺病，而且是可怕的肺结核，虽经医师给了好几回警告，他却不以为意，也没有转告别人，谁都知道肺病是必须安心调养的，何况他自己是懂得医学的，但是他竟不能这样做！本年四月五日给我一信，其中有云：

我在上月初骤病，气喘几不能支，注射而止，卧床数日始起，近虽已似复原，但因译著事烦，终极困顿。倘能优游半载，当稍健，然亦安可得哉？

并不说明肺病，我又疏忽糊涂，以为不过是感冒之类，所以回信只劝他节劳调摄。五月底我往上海，看见他气喘未痊，神色极惫，瘦削不成样子，才知道这病势严重，极为担心，便劝他务必排遣一切，好好地疗养半年，他很以为然，说："我从前总是为人多，为己少，此后要想专心休养了。"六月初，景宋来信云病体已转危为安，到七月一日，我再晤面，确乎已渐恢复。医师劝他转地疗养，我便竭力怂恿，回家后还去信催问动身日期。他七月十七日复信有云：

三日惠示早到，弟病虽似向愈，而热尚时起时伏，所以一时未能旅行。现仍注射，当继续八日或十五日，至尔时始可定行止，故何时行与何处去，目下初未计及也。

又九月二十五日信云：

贱恙时作时止，毕竟如何，殊不可测，只得听之。

病势拖久，原是极可忧虑之事。他九月五日所作的一篇《死》（《中流》一卷二期），中间有记述 D 医师诊断的一段，很可注意：

……大约实在是日子太久，病像太险了的缘故罢，几个朋友暗自协商定局，请了美国的 D 医师来诊察了。他是在上海的唯一的欧洲的肺病专家，经过打诊，听诊之后，虽然誉我为最能抵抗疾病的典型的中国人，然而也宣告了我的就要灭亡；并且说，倘是欧洲人，则在五年前已经死掉。这判决使善感的朋友们下泪。我也没有请他开方，因为我想，他的医学从欧洲学来，一定没有学过给死了五年的病人开方的法子。

再检视两年前他的手札，如云："从月初起，天天发热，不能久坐，盖疲劳之故，四五天以前已渐愈矣。上海多琐事，亦殊非好住处也。"（一九三四年十一月二十七日）又云："弟因感冒，害及肠胃，又不能优游，遂至颓惫多日，幸近已向愈，胃口亦渐开，不日当可复原。"（十二月九日）话虽如此，其实病根都在肺部，偶因感冒或过劳而加剧罢了。所可悲痛的是始终不能优游，直到临死的前日，还不能不工作如故，而且"要赶快做"。呜呼鲁迅！不幸而有此病，带病奋斗，所向无敌，而终于躺倒不起者，我看至少有三个原因：

（一）心境的寂寞，呐喊冲锋了三十年，百战疮痍，还是醒不了沈沈的大梦，扫不清千年淤积的秽坑。所谓右的固然靠不住，自命为左的也未必靠得住，青年们又何尝都靠得住。试读他的"两间余一卒，荷戟独彷徨。"（《集外集》："题彷徨"）"惯于长夜过春时"，（《南腔北调集》："为了忘却的纪念"。）就可想见其内心含着无限的痛苦，又读他去年的一首《残秋偶作》：

"曾惊秋肃临天下，敢遣春温上笔端？

尘海苍茫沈百感，金风萧瑟走千官。

老归大泽菰蒲尽，梦坠空云齿发寒。

竦听荒鸡偏阒寂，起看星斗正阑干。"

俯仰身世，无地可栖，是何等的悲凉孤寂！

（二）精力的剥削，他的生命是整个献给我们中华民族的，"我以我血荐轩辕"这句诗可说是实践到底，毫无愧色的，可是我们同胞没有让他能够好好地整个儿贡献，倒是重重剥削，各各脔分，有许多人都争着挖取他的精神的一分。有些书店老板借它以牟利,有些青年作家借它以成名。还有,他的生前和死后,版权毫无保障,翻版或偷印本层出不穷,单是一本《南腔北调集》,改头换面的就不知道有若干种。自政府以至人民,自亲朋以至社会,有谁曾经保护过他点什么,赠给过他点什么?毕生所受的只有压迫、禁锢、围攻、榨取。……譬如一池清水,这个也汲取,那个也汲取,既没有养活的源头,自然容易枯掉。

(三)经济的窘迫,他的生活只靠版税和卖稿两种收入,所有仰事俯畜,旁助朋友,以及购买印行图书等费尽出于此。但是版税苦于收不起,卖稿也很费力,只看那《死》中的一句云:"假使我现在已经是鬼,在阴间又有好子孙,那么,又何必零星卖稿,或向北新书局去算账呢……"便可窥见他的隐痛了。在日本,虽有几个杂志社很欢迎他的又章,酬金也颇优,只是他不愿多写,必待屡次被催,实在到了情不可却的时候,才写出一点寄去,因为他自己知道文章里免不了调刺友邦。例如《我要骗人》的末尾有云:

"写着这样文章,也不是怎样舒服的心地。要说的话多得很,但得等候'中日亲善'更加增进的时光。不久之后,恐怕那'亲善'的程度,竟会到在我们中国,认为排日即国贼——因为说是共产党利用了排日的口号,使中国灭亡的缘故……而到处的断头台上,都闪烁着太阳的圆圈的罢,但即使到了这样了,也还不是披沥真实的心的时光。……"

我到后来才明白:他大病中之所以不请D医开方,大病后之所以不转地疗养,"何时行与何处去。"始终踌躇着。多半是为了这经济的压迫。

三　生平和著作

鲁迅的人格和作品的伟大稍有识者都已知道,原无须多说。至于他之所以伟大,究竟本原何在？依我看,就在他的冷静和热烈双方都彻底。冷静则气宇深稳,明察万物；热烈则中心博爱,自任以天下之重。其实这二者是交相为用的。经过热烈的冷静,才是真冷静,也就是智；经过冷静的热烈,才是真热烈,也就是仁。鲁迅是仁智双修的人。唯其智,所以顾视清高,观察深刻,能够揭破社会的黑暗,抉发民族的劣根性,这非有真冷静不能办到；唯其仁,所以他的用心,全部照顾到那愁苦可怜的劳动社会的生活,描写得极其逼真,而且灵动有力。他的一支笔,从表面看,有时好像是冷冰冰的,而其实是藏着极大的同情,字中有泪。这非有真热烈不能办到的。欲明此意,只将《呐喊》中的《阿Q正传》和《彷徨》中的《祝福》两篇,比照对看便知。

鲁迅又是言行一致的人。他的二百万言以上的创作,任取一篇,固然都可以看出伟大的人格的反映,而他的五十六年的全生活,为民族的生存而奋斗,至死不屈,也就是一篇天地间的至文——一篇可泣可歌光明正大的至文,这仁智双修言行一致八个字,乃是鲁迅之所以为鲁迅！

有人以为鲁迅多怒，好骂是一个缺点，骂他者和被骂者都不是他的敌手，实在不值得费这许多光阴，化这许多气力去对付，所谓"割鸡焉用牛刀"。殊不知这正是鲁迅的伟大之处。他对人是持平等观的，看准了缺点，就要愤怒，就要攻击，甚而至于要轻蔑。但是即使轻蔑也还带着悲悯之心。他的最近作《半夏小集》里有这样的话：

琪罗编辑圣·蒲孚的遗稿，名其一部为《我的毒》（Mes Poisons）；我从日译本上，看见了这样的一条：

"明言着轻蔑什么人，并不是十足的轻蔑。惟沉默是最高的轻蔑。——我在这里说，也是多余的。"

诚然，"无毒不丈夫"，形诸笔墨，却还不过是小毒。最高的轻蔑是无言，而且连眼珠也不转过去。

我从来不曾看到鲁迅有谩骂，倒是只看见他的慎重。他的骂人是极有分寸，适如其分，连用字都非常谨严，仿佛戥子秤过似的。所谓"以直报怨"，"即以其人之道，还治其人之身"。

他的慎重，我在此只举一个例，就可以概见其余。当一九二五年初，《京报副刊》征求"青年必读书"，有许多人大开书目，陆续发表，连我也未能免俗，他呢？只写了十四个大字，叫做：

怀亡友鲁迅

从来没有留心过,所以现在说不出。

后面有附注(见《华盖集》)。可见自命为青年的导师的,不见得胜任愉快,而他的谨慎工夫,则真可为青年的领导。

又有人以为鲁迅多疑,这是确的,他曾经有自白,例如《关于杨君袭来事件的辩正》(《集外集》)其一有云:

现在我对于我那记事后半篇中神经过敏的推断这几段,应该注销。但以为那记事却还可以存在:这是意外地发露了人对人——至少是他对我和我对他——互相猜疑的真面目了。

又其二有云:

今天接到一封信和一篇文稿,是杨君的朋友,也是我的学生做的,真挚而悲哀,使我看了很觉得惨然,自己感到太易于猜疑,太易于愤怒。他已经陷入这样的境地了,我还可以不赶紧来消除我那对于他的误解么?

然而旧社会上,另一方面的下劣凶残,每每有出于他的猜疑之外的,这又从何说起呢!例如《记念刘和珍君》(《华盖集续编》)所云:

……我向来是不惮以最坏的恶意来推测中国人的,然而我还不料,也不信竟会下劣凶残到这地步。

又有人以为鲁迅长于世故,却又有人以为他不通世故,其实都不尽然,只是与时宜不合罢了。他在《世故三昧》(《南腔北调集》)里说得很明白:

……待到他们又在谈着这事的时候,我便说出我的所见来,而不料大家竟笑容尽敛,不欢而散了,此后不和我谈天者两三月。我事后才悟到打断了他们的兴致,是不应该的。

这种使人扫兴的事,那些更"'深于世故'而避开了'世'不谈"者决不会做,而鲁迅热情难遏,偏要"说出",是知其不可而为之。

总之,鲁迅是伟大的。竟不幸而孤寂穷苦以终,是谁之过欤!是谁之过欤!

然而,我确信将来他是愈远愈伟大的。现在就引用他的《战士和苍蝇》(华盖集)中的几句话作为结束罢。

"Schopenhauer说过这样的话:要占定人的伟大,则精神上的大和体格上的大,那法则完全相反。后者距离愈远即愈小,前者却见得愈大。"

"……有缺点的战士终竟是战士,完美的苍蝇也终竟不过是苍蝇。……"

附记

自鲁迅逝世后，各方纪念文字看得不少，个人觉得许季上先生一首挽诗，最足以显示鲁迅的真精神，附录于此，以申同契。

哭周豫才兄

许丹

惊闻重译传穷死，（十月十九日夜，见日文晚报载兄死讯，述垂死前情况至为凄切。不忍再读。）

坐看中原失此人。

两纪交情成逝水，

一生襟抱向谁陈。

于今欲杀缘无罪，（子贡子路相与言曰，"杀夫子者无罪，藉夫子者不禁"）

异世当知仰大仁。（见慈仁恻恒，心如赤子，而世人不省，伐树削迹，厄之至死。）

岂独延陵能挂剑，

相期姑射出埃尘。

　　　　　　一九三六年十一月八日鲁迅逝世后十九日

鲁迅的生活
——在北平大学女子文理学院

鲁迅座谈会 讲

沈蕴芳 记录

许寿裳

前两天，王同学来说，定于今天下午三时半在本院开鲁迅座谈会，要我讲点关于鲁迅先生的生活情形，我便忻然的答应了，所以我今天所讲的题目是关于他的生活。鲁迅是预言家，是诗人，是战士。我在《怀亡友鲁迅》文中说过："他的五十六年全生活是一篇天地间的至文"，也就是一篇我们中华民族的杰作。这样伟大的一生决不是短时间所能说尽的，不过随便谈谈，得个大概罢了。

在开讲之前，我要问诸位一声，诸位大概在中学时代，甚而至于在小学时代已经读过了鲁迅的作品。读了之后，在没有会见他或者没有见过他的照相之前，那时诸位的想象中，鲁迅是怎样一个人？这种回忆，对于鲁迅的认识上是很有帮助的。我的一位朋友的女儿，十余年前，在孔德学校小学班已经读了鲁迅的作品。有一天，听说鲁迅来访她的父亲了，她便高兴之极，跳跃出去看，只觉得他的帽子边上似乎有花纹，很特别。等到挂上帽架，她仰着头仔细一望，原来不过是破裂的痕迹。后来，她对父亲说："周老伯的样子很奇怪。我当初想他一定是着西装，皮鞋，头发分得很光亮的。他的文章是这样漂亮，他的服装为什么这样不讲究呢？"

再讲一个近时的故事：这见于日本内山完造的《鲁迅先生》文中，用对话体记着有一天，鲁迅照常穿着粗朴的蓝布长衫，廉价的橡皮底的中国跑鞋，到大马路 Cathay Hotel 去看一个英国人。

"可是，据说房间在七层楼，我就马上去搭电梯。那晓得司机的装着不理会的脸孔，我以为也许有谁要来罢，就这么等着。可是谁也没有来，于是我就催促他说'到七层楼，'一催，那司机的家伙便重新把我的神气从头顶到脚尖骨溜骨溜地再打量一道，于是乎说'走出去！'终于被赶出了电梯。"

"那才怪呢！后来先生怎样呢？"

"没有办法，我便上扶梯到七层楼；于是乎碰见了目的的人，谈了两小时光景的话，回来的时候，那英国人送我到电梯上。恰巧，停下来的正是刚才的那一部电梯。英国人非常殷勤，所以

这次没有赶出我，不，不是的，那个司机非常窘呢。——哈哈哈……"（《译文》二卷三期，日本原文见改造十八卷十二号）

关于鲁迅容貌的印象：我在此引一个英国人的话，颇觉简而得要，这见于 H.E.Shadick 的《对鲁迅的景仰》文中。他是燕大英文系主任教授，不曾会见过鲁迅，只是从照相上观察，说道：

"在我的面前呈现着一张脸，从耸立的头发到他的有力的颚骨，无处不洋溢出坚决和刚毅。一种坦然之貌，惟有是完美的诚恳的人才具备的。前额之下，双眼是尖锐的，而又是忧郁的。眼睛和嘴都呈露出他的仁慈心和深切的同情，一抹胡须却好像把他的仁慈掩盖过去。"

"这些特质同样地表现在他的作品中，在他的生命里……"（原文见燕大周刊丛书之一《纪念中国文化巨人鲁迅》）

鲁迅的生活状况可分为七个时期：（一）幼年在家时期，——十七岁；（二）江南矿路学堂时期，十八——二十一岁；（三）日本留学时期，二十二——二十九岁；（四）杭州绍兴教书时期，二十九——三十一岁；（五）北京工作时期，三十二——四十六岁；（六）厦门广州教书时期，四十六——四十七岁；（七）上海工作时期，四十七——五十六岁。

一、幼年在家时期……一至十七岁：预备时期（一八八一——一八九七），这期的时代背景最大的有甲午中日之战。

鲁迅的幼年生活有他的回忆录——《旧事重提》，后改名为《朝花夕拾》——可供参考，现在略举几个特点如下：

（一）好看戏。

（甲）《五猖会》（见《朝花夕拾》）是一件罕逢的盛事，在七岁时候，正当高兴之际，突然受了打击，他的父亲要他读熟《鉴略》数十行，背不出不准去，后来虽然背出，不遗一字，却已弄到兴趣索然。

（乙）《社戏》（见《呐喊》）。

（丙）夜戏，目莲戏（见《朝花夕拾》："无常"）。

（丁）《女吊》（见《中流》三期）：绍兴有两种特色的鬼，一种是表现对于死的无可奈何，而且随随便便的"无常"，一种便是"女吊"，也叫作"吊神"，是带复仇性的，比别的一切鬼魂更美，更强。鲁迅临死前二日——十月十七日下午在日本作家鹿地亘的寓所，也谈到这"女吊"，这可称鲁迅的最后谈话（日本池田幸子有一篇《最后一天的鲁迅》，记及此事，见日本杂志《文艺》四卷十二号）。

（戊）胡氏祠堂看戏：这点在他的著作里面是没有谈到，我从他的母亲那里听来的。在十余岁时候，胡家祠堂里演戏，他事先已经看好了一个地方——远处的石凳。不料临时为母亲所阻止，终于哭了执意要去看，至则大门已关，不得进去。后来知道这一天，因为看客太多，挤得石凳断了，摔下来，竟有被压断胫骨的。他之不得其门而入，幸哉幸哉！

他幼年爱好看戏，至于如此，可是后来厌恶旧剧了。

（二）好描画。

（甲）描画：用一种荆川纸，蒙在小说的绣像上一个个描下来，像习字时候的影写一样。……最成片段的是《荡寇志》和《西游记》的绣像，都有一大本（见《朝花夕拾》："从百草园到三味书屋"）。

（乙）搜集图画（见《朝花夕拾》："阿长与山海经"和"二十四孝图"）这和他后来中年的搜集，研究汉画像，晚年的提倡版画有密切的关系。

（三）不受骗。

（甲）不听衍太太的摆布（见《朝花夕拾》八五页）。

（乙）对于《二十四孝图》的怀疑，"其中最使我不解，甚至于发生反感的，是'老莱娱亲'和'郭巨埋儿'两件事"（见《朝花夕拾》三五页）。这样从小就有独到之见，和上述的艺术兴趣，可见他在此时期，天才的萌芽已经显露出来了。

二、江南矿路学堂时期……十八至二十一岁……（一八九八——一九〇一）。

这期的国家大事有戊戌变法和庚子义和团之役。

他的学堂生活从此开始，起初考入水师学堂，后才改入矿路学堂，《朝花夕拾》里有一篇《琐记》是可参考的。此外，还有几件事：

（一）爱看小说，新小说购阅不少。对于功课从不温习，也无须温习，而月考，大考，名列第一者什居其八。

（二）好骑马，往往由马上坠落，皮破血流，却不以为意，常说："落马一次，即增一次进步。"

（三）不喜交际。

至于苦学的情况，如以八圆旅费上南京，夹裤过冬，凡上下轮船总是坐独轮车，一边搁行李，一边留自己坐。

三、日本留学时期……二十二至二十九岁……修养时期（一九〇二——一九〇九夏），这期的大事是俄兵占领奉天，日俄开战，革命思潮起于全国，和他个人关系较切的有章太炎师的下狱，徐锡麟秋瑾的被杀等。

这留学时期又可分为三个小段：（一）东京弘文学院时期，（二）仙台医学专门学校时期，（三）东京研究文学时期。

（一）东京弘文学院时期（一九〇二——一九〇四夏）。

此时，我初次和他相识，他在课余爱读哲学文学的书以及常常和我谈国民性问题，这些已见于拙著《怀亡友鲁迅》，兹不赘述。他曾为《浙江潮》撰文，有《斯巴达之魂》《说钼》等（见《集外集》），钼即镭也。

（二）仙台医学时期（一九〇四——一九〇六春）。

他学医的动机：（一）恨得中医耽误了他的父亲的病，（二）确知日本明治维新是大半发端于西医的事实。以上两点，参阅《呐喊》序文和《朝花夕拾》："父亲的病"便知。但是据我所知，除此以外，还对于一件具体的事实起了弘愿，也可以说是一种痴想，就是：（三）救济中国女子的小脚，要想解放那些所谓"三寸金莲"，使恢复到天足模样。后来，实地经过了人体解剖，悟到已断的筋骨没有法子可想。这样由热望而苦心研究，终至于断念绝望，使他对缠足女子同情，比普通人特别来得大，更由绝望而愤怒，痛恨赵宋以后历代摧残女子者的无心肝，所以他的著作里写到小脚都是字中含泪的。例如：

（1）见了绣花的弓鞋就摇头（《朝花夕拾》——四页）。

（2）至于缠足，更要算在土人的装饰法中，第一等的新发明了。……可是他们还能走路，还能做事；他们终是未达一间，想不到缠足这好法子。……世上有如此不知肉体上痛苦的女人，以及如此以残酷为乐，丑恶为美的男子，真是奇事怪事（《热风》三五页）。

（3）小姑娘六斤新近裹脚，"在土场上一瘸一拐的往来"（《呐喊》："风波"）。

（4）讨厌的"豆腐西施""两手搭在髀间，没有系裙，张着两脚，正像一个画图仪器里细脚伶仃的圆规"（《呐喊》："故乡"）。

（5）爱姑的"两只钩刀样的脚"（《彷徨》："离婚"）。

（6）"……女子的脚尤其是一个铁证，不小则已，小则必求其三寸，宁可走不成路，摇摇摆摆"（《南腔北调集》："由中国女人的脚推定中国人之非中庸"）。

他的感触多端，从此着重在国民性劣点的研究了。可见《呐喊》序文所载，在微生物学讲义的电影里，忽然看到咱们中国人的将被斩，就要退学，决意提倡文艺运动，这电影不过是一种刺激，并不是唯一的刺激。

（三）东京研究文学时期（一九〇六——一九〇九夏）。

一九〇二年的夏天，留日学生的人数还不过二三百，后来"速成班"日见增多，人数达到二万，真是浩浩荡荡，他们所习的科目不外乎法政，警察，农，工，商，医，陆军，教育等，学文艺的简直没有，据说学了文学将来是要饿死的。

然而鲁迅就从此致力于文艺运动，至死不懈。

此时，他首先绍介欧洲新文艺思潮，尤其是弱小民族，被压迫民族的革命文学。有两件事应该提到的：（一）拟办杂志《新生》，（二）译域外小说。这两件事说来颇长，好在他令弟知堂（作人）所作的"《关于鲁迅》（二）"（《宇宙风》三十期）文中已经叙明，我不必重复详说，只略略有所补充而已。《新生》虽然没有办成，可是书面的图案以及插图等等，记得是统统预备好了，一事不苟的；连它的西文译名，也不肯随俗用现代外国语，而必须用拉丁文曰 Vita Nuora。后来，鲁迅为《河南》杂志撰《文化偏至论》《摩罗诗力说》（《坟》），绍介英国摆伦，德国尼采，奈宾霍尔，瑙威易卜生，及俄国波兰匈牙利的诗人等。《域外小说集》初印本的书面也是很优美的，图案是希腊的艺术，题字是篆文"或外小说 △"，纸质甚佳，毛边不切。

大家都知道《新青年》杂志是新文化运动——文学革命，思想革命——的急先锋。它的民七，一月号，胡适之的《归国杂感》，说调查上海最通行的英文书籍，"都是和现在欧美的新思想毫无关系的，怪不得我后来问起一位有名英文教习，竟连 Bernard Shaw 的名字也不曾听见过，不要说 Tshekhov 和 Andrejev 了，我想这都是现在一班教会学堂出身的英文教习的罪过。"殊不知周氏兄弟在民七的前十年，早已开始译 Tshekhov 和 Andrejev 的短篇小说了。

鲁迅实在是介绍和翻译欧洲新文艺的第一个人。

总之，他在游学时期，用心研究人性和国民性问题，养成了冷静而又冷静的头脑。惟其爱国家爱民族的心愈热烈，所以观察得愈冷静。这好比一个医道高明的医师，遇到了平生最亲爱的人，患着极度危险的痼疾，当仁不让，见义勇为，一心要把他治好。试问这个医师在这时候，是否极度冷静地诊察，还是蹦蹦跳跳，叫嚣不止呢？这冷静是他的作品所以深刻的根本原因。

四、杭州绍兴教书时期……二十九至三十一岁（一九〇九夏——一九一一冬），这时期的大事是辛亥革命。

民元前三年夏，他因为要负担家庭的费用，不得不归国做事了。在杭州任两级师范学堂生理学和化学教员一整年，在绍兴任中学堂教务长一年余，革命以后，任师范学校校长几个月。

在两级师范教化学的时候，有过这样的一件事："他在教室试验轻气燃烧，因为忘记携带火柴了，故于出去时告学生勿动收好了的轻气瓶，以免混入空气，在燃烧时炸裂。但是取火柴回来一点火，居然爆发了；等到手里的血溅满了白的西装硬袖和点名簿时，他发现前两行只留着空位：这里的学生，想来是趁他出去时放进空气之后移下去的，都避在后面了。"所以孙春台（福熙）的《我所见于"示众"者》里说："鲁迅先生是人道主义者，他想尽量的爱人，然而他受人欺侮，而且因为爱人而受人欺侮。倘若他不爱人，不给人以轻气瓶中混入空气燃烧时就要爆裂的知识，他不至于炸破手。……"（民十五，五月，京报副刊）

五、北平工作时期……三十二至四十六岁（民元——十五年秋，即一九一二——一九二六秋）。

这期的大事，国内有民元中华民国成立，民四日本二十一条的威胁及洪宪称帝，民六张勋复辟运动，民十四孙中山先生逝世及上海五卅惨案，民十五北京三一八惨案及国民革命军北伐；国外有世界大战。

元年一月，临时政府成立于南京，鲁迅应教育总长蔡孑民先生之招，到部办事，公余老是钞沈下贤的集子。一日，曾偕我同董恂士（鸿祎）去访驻防旗营的残址，只见已经成了一片瓦砾场，偶尔剩着破屋几间，门窗全缺，情状是很可怜，使他记起了从前在矿路学堂读书的时候，骑马过此，不甘心受旗人的欺侮，扬鞭穷追，以致坠马的故事。

同年五月，到北京，住绍兴会馆，先在藤花馆，后在古槐书屋，这便是相传在槐树上缢死过一个女人，从此多年没有人要住的。八年移居八道湾，十二年迁寓砖塔胡同，十三年移入宫门口西三条新屋。

在北京工作十五年，其间又可分为前后两段，以《新青年》撰文（民国七年）为界，前者重在辑录研究，后者重在创作。

前期住在会馆，散值的工作是：（一）抄古碑，（二）辑故书，这二事可参考知堂的《关于鲁迅》（《宇宙风》二九期），（三）读佛经。鲁迅的信仰是科学，不是宗教，他说佛教和孔教一样，都已经死亡，永不会复活了。所以他对于佛经只作人类思想史的材料看，藉此研究其人生观罢了。别人读佛经，就趋于消极，而他独不然。

至于他的创作短篇小说，开始在民国七年四月，发表在同年五月号的《新青年》，正值五四运动的前一年。其第一篇曰《狂人日记》，才用"鲁迅"作笔名，"从此以后，便一发而不可收"，他的创作力好像长江大河，滚滚不绝。这是鲁迅生活上的一个大发展，也是中国文学史上应该大书特书的一章。因为从此，文学革命才有了永不磨灭的伟绩，国语文学才有了不朽的划时代的杰作，而且使他成为我们中国思想界的先知，民族解放上最勇敢的战士。现在时间有限，我只就《狂人日记》和《阿Q正传》两篇作个举例的说明而已。

《狂人日记》是借了精神迫害狂者来猛烈地掊击礼教的。据鲁迅自己说："因那时的认为'表现的深切和格式的特别'，颇激动了一部分青年读者的心。然而这激动，却是向来怠慢了绍介欧洲大陆文学的缘故。一八三四年顷，俄国的果戈理（N.Cogol）就已经写了《狂人日记》……但后起的《狂人日记》意在暴露家族制度和礼教的弊害,却比果戈理的忧愤深广,也不如尼采的超人的渺茫。"(参阅"《中国新文学大系》小说二集导言")这是实实在在的话,试问读到篇中所云:

"我翻开历史一查,这历史没有年代,歪歪斜斜的每页上都写着'仁义道德'几个字,我横竖睡不着,仔细看了半夜,才从字缝里看出字来,满本都写着两个字是'吃人'!"

又云:

"有了四千年吃人履历的我,当初虽然不知道,现在明白,难见真的人!"

有谁不感到礼教的迫害,有谁不想奋起而来攻击呢?他的其余作品有好多篇仿佛可作这《狂人日记》的说明,《祝福》便是一个例子。《祝福》的惨事,不惨在狼吃了阿毛,而惨在礼教吃了祥林嫂。

我那时在南昌,读到《狂人日记》就非常感动,觉得这很像周豫才的手笔,而署名却是姓鲁,天下岂有第二个豫才乎?于是写信去问他,果然回信来说确是"拙作",而且那同一册里有署名唐俟的新诗也是他做的。到了九年的年底,我们见面谈到这事,他说:"因为新青年编辑者不愿意有别号一般的署名,我从前用过迅行的别号是你所知道的，所以临时命名如此：理由是（一）母亲姓鲁，（二）周鲁是同姓之国，（三）取愚鲁而迅速之意。""至于唐俟呢？"他答道："哦！因为陈师曾（衡恪）那时送我一方石章，并问刻作何字，我想了一想，对他说'你叫做槐堂，我就叫俟堂罢。'"我听到这里，就明白了这"俟"字的涵义。那时部里的长官某很想挤掉鲁迅，他就安静地等着，所谓"君子居易以俟命"也。把"俟堂"两个字颠倒过来，堂和唐两个字同声可以互易，于是成名曰"唐俟"，周，鲁，唐，又都是同姓之国也。可见他无论何时没有忘记破坏偶像的意思。

《阿Q正传》的署名是巴人，取"下里巴人"，并不高雅的意思（《华盖集续编》：《阿Q正传的成因》）。人家都知道这是一篇讽刺小说，在描写中国民族的魂灵。知堂在十一年三月十九晨报副刊上说过："阿Q这人是中国一切的谱——新名词称作'传统'——的结晶，没有自己的意志而以社会的因袭的惯例为其意志的人，所以在实社会里是不存在而又到处存在的。……（他）承受了恶梦似的四千年来的经验所造成的一切'谱'上的规则，包含对于生命幸福名誉道德名称意见，提炼精粹，凝为个体，所以实在是一幅中国人品性的'混合照相'，其中写中国人的缺乏求生意志，不知尊重生命，尤为痛切，因为我相信这是中国人的最大的病根。"（仲密：《自己的园地》八。后来印成单行本的时候，这一篇未见收入。）

《阿Q正传》，发表于民国十年十二月，到现今是整整的十五年了。我每次读到它，总感觉一种深刻和严肃，并且觉得在鲁迅的其余作品中，有许多处似乎可当作这篇的注解或说明来读，因为描写阿Q的劣性仿佛便是描写民族的劣性故也。现在随便举出几点，彼此参照，便可了然，例如：

（一）自大。阿Q和别人口角的时候，间或瞪着眼睛道："我们先前——比你阔得多啦！你算是什么东西？"这宛然是以"中国地大物博，开化最早，道德天下第一"自负的国粹派的口吻，鲁迅所时常指摘的："他们自己毫无特别才能，可以夸示于人，所以把这国拿来做个影子；他们把国里的习惯制度抬得很高，赞美的了不得；他们的国粹，既然这样有荣光，他们自然也有荣光了！"（《热风》十八，十九页）

（二）卑怯。阿Q"发起怒来，估量了对手，口讷的他便骂，气力小的他便打……"试读"《随感录》四十八"有云："中国人对于异族，历来只有两样称呼：一样是禽兽，一样是圣上。从没有称他朋友，说他也同我们一样的。"（《热风》四三页）还有"通讯"云："先生（旭生）的信上说：惰性表现的形式不一，而最普通的，第一就是听天任命，第二就是中庸。我以为这两种态度的根柢，怕不可仅以惰性了之，其实乃是卑怯。遇见强者，不敢反抗，便以'中庸'这些话来粉饰，聊以自慰。所以中国人倘有权力，看见别人奈何他不得，或齐有'多数'作他护符的时候，多是凶残横恣，宛然一个暴君，做事并不中庸；待到满口'中庸'时，乃是势力已失，早非'中庸'不可的时候了。一到全败,则又有'命运'来做话柄,纵为奴隶,也处之泰然,但又无往而不合于圣道,这些现象,实在可以使中国人败亡,无论有没有外敌。要救正这些,也只好先行发露各样劣点,撕下那好看的假面具来。"(《华盖集》二二集)还有,"《忽然想到》七"有云:"……可惜中国人但对于羊显凶兽相,而对于凶兽则显羊相,所以即使显着凶兽相,也还是卑怯的国民。这样下去,一定要完结的……"(《华盖集》五七、五八两页)

(三)善变——投机,迎合取巧。阿Q本来是深恶革命的,后来却也有些神往,想"革命也好罢"……试读"《忽然想到》四"里的话:"……其实这些人是一类,都是伶俐人,也都明白,中国虽完,自己的精神是不会苦的,——因为都能变出合式的态度来。倘有不信,请看清朝的汉人所做的颂扬武功的文章去,开口'大兵',闭口'我军',你能料得到被这'大兵''我军'所败的就是汉人的么?你将以为汉人带了兵将别的一种什么野蛮腐败民族歼灭了。然而这一流人是永远胜利的,大约也将永久存在。在中国,惟他们最适于生存,而他们生存着的时候,中国便永远免不掉反覆着先前的命运。"(《华盖集》十二,十三两页)还有《算账》里说:"我每遇到学者谈起清代的学术时,总不免同时想:'扬州十日''嘉定三屠'这些小事情,不提也好罢,但失去全国的土地,大家十足做了二百五十年奴隶,却换得这几页光荣的学术史……"(《花边文学》七九页)

(四)自欺——精神上的胜利法。阿Q在形式上打败之后,有种种妙法以自慰：或者算被儿子打了，或者说自己虫豸好不好，或者简直自己打两个嘴巴，就立刻心满意足了。这类自欺欺人，别设骗局的方法，在士大夫之间也何尝没有？"……有时遇到彰明的史实，瞒不下，如关羽岳飞的被杀，便只好别设骗局了。一是前世已造夙因，如岳飞；一是死后使他成神，如关羽。定命不可逃，成神的善报更满人意，所以杀人者不足责，被杀者也不足悲，冥冥中自有安排，使他们各得其所，正不必别人来费力。中国人的不敢正视各方面，用瞒和骗，造出奇妙的逃路来，而自以为正路。在这路上，就证明着国民性的怯弱，懒惰，而又巧滑。一天一天的满足着，即一天一天的堕落着，但却又觉得日见其光荣。在事实上，亡国一次，即添加几个殉难的忠臣，后来每不想光复旧物，而只去赞美那几个忠臣；遭劫一次，即造成一群不辱的烈女，事过之后，也每每不思惩凶，自卫，却只顾歌咏那一群烈女。仿佛亡国遭劫的事，反而给中国人发挥'两间正气'的机会，增高价值，即在此一举，应该一任其至，不足忧悲似的。自然，此上也无可为，因为我们已经藉死人获得最上的光荣了。沪汉烈士的追悼会中，活的人们在一块很可景仰的高大的木主下互相打骂，也就是和我们的先辈走着同一的路。……"（《坟》："论睁了眼看"）

此外，描写着的劣性还很多，限于时间，不及备举了。

十五年三一八惨案后，四月奉军进京，有通缉名单的传言，我和鲁迅及其他相识十余人，避居D医院的一间堆积房里若干日，鲁迅在这样流离颠沛之中，还是不断地写文章，《朝花夕拾》里的《二十四孝图》《五猖会》《无常》，都是这时的作品。

这期的重要创作，已经结集者有：——

小说　《呐喊》

小说　《彷徨》

论文　《坟》

讲义　《中国小说史略》

散文诗　《野草》

回忆文　《朝花夕拾》(前半部)

杂感集　《热风》

杂感集　《华盖集》

杂感集　《华盖集续编》

六、厦门广州教书时期……四十六，四十七岁（十五年秋至十六年秋，即一九二六——一九二七），时代背景是宁汉分裂，国民党清党运动。

这时期虽很短，只有一年，可是鲁迅感触多端，不很开口，"抱着梦幻而来，一遇实际，便被从梦境放逐了，不过剩下些索漠。"因之，生活极不安定，宿舍屡有更变。在厦门四个月，因为"不合时宜"，搬来搬去，终于被供在图书馆楼上的一间屋子里，虽对着春秋早暮景象不同的山光海气也不甚感动，所不能忘怀的，倒是一道城墙，据说是郑成功的遗迹。"一想到除了台湾，这厦门乃是满人入关以后我们中国的最后亡的地方，委实觉得可悲可喜。"（《华盖集续编》二二二页）到广州后，起初他和我同住在中山大学中最中央而最高的处所，通称"大钟楼"，后来搬出学校，租了白云楼的一组仍旧合居。"……我这楼外却不同：满天炎热的阳光，时而如绳的暴雨；前面的小港中是十几只蛋户的船，一船一家，一家一世界，谈笑哭骂，具有大都市中的悲欢。也仿佛觉得不知那里有青春的生命沦亡，或者正被杀戮，或者正在呻吟，或者正在'经营腐烂事业'和作这事业的材料。然而我却渐渐知道这虽然沈默的都市中，还有我的生命存在，纵已节节败退，我实未尝沦亡。"（《小约翰》："引言"）诸位请读《两地书》，及《三闲集》里的"《怎么写》""《在钟楼上》"两篇，便可以知道那时期他的生活的大略。

我不知道他在厦门大学担任什么科目，至于在中山大学，则任文学论和中国文学史等，因为选修文学论的学生人数太多，以致上课时间排在晚上，教室用大礼堂。这期的著作如下：——

通讯　《两地书》（与景宋合著）

回忆文　《朝花夕拾》（后半部）

杂感集　《华盖集续编的续编》（附在《华盖集续编》之后）

杂感集　《而已集》

讲　义　《中国文学史》（未完）

七、上海工作时期……四十七至五十六岁（十六年秋——二十五年十月十九日，即一九二七——一九三六），国家大事有十七年的北伐成功及五三济南事件，二十年九一八后东四省的沦亡，二十一年一二八上海之战。

这十年之间，国难的严重，日甚一日，鲁迅对于帝国主义的侵略，国内政治的不上轨道，上海文坛的浅薄空虚，一点也不肯放松，挺身而出，"奋笔弹射，无所避回"，于是身在围攻，禁锢之中，而气不稍馁，始终奋斗，决不屈服。这时期可以称为短评时期。他的短评，都像短兵相接，篇篇是诗，精悍无比。不识者奚落他，称之为"杂感家"，殊不知这正是他的战士生活的特色。他不想做什么领袖，也没有"藏之名山"的意思，以为一切应时的文字，应该任其消灭的。《热风》序文里说得好："……几个朋友却以为现状和那时并没有大两样，也还可以存留，给我编辑起来了。这正是我所悲哀的。我以为凡对于时弊的攻击，文字须与时弊同时灭亡，因为这正如白血轮之酿成疮疥一般，倘非自身也被排除，则当它的生命的存留中，也即证明着病菌尚在。"所以他的十多本杂感集大都是应时而作，只要时弊快快去掉，则他的文字本来愿意欢欢喜喜地消灭。

上海不是个好住处，不说别的，单是空中的煤灰和邻居的电线电收音，已经够使他心烦气闷了。他常对我说，颇想离开上海，仍回北平，因为有北平图书馆可以利用，愿意将未完的《中国文学史》全部写成。它的大纲早已成竹在胸，分章是"《思无邪》""《离骚与反离骚》""《药与酒》"……他的观察史实，总是比别人深一层，能发别人所未发，所以每章都有独到的见解。我们试读《而已集》里那篇《魏晋风度及文章与药及酒之关系》，便可窥见一斑。这是他的《中国文学史》的一段，思想很新颖，议论很透辟，将一千六百年前人物的真相发露出来，成了完全和旧说不同的样子。我正盼望这部大著作能够早日观成，不料他竟赍志以殁，连腹稿也同埋地下，这是无可弥补的大损失！

近年来，他写文章之外，更致力于大众艺术和大众语文。前者是提倡版画，因其好玩，简便，而且有用，认为正合于现代中国的一种艺术。他个人首先搜集了许多件英，俄，德，法，日本的名刻，有时借给别人去展览，有时用玻璃版翻印出来，如《士敏土之图》《凯绥·珂勒惠支版画选集》，使艺术学徒有所观摩。一面，在上海创办木刻速修讲习会，从招生以至每日的口译，都由他一个人担任的。这个艺术现在已经很有进步，可以说风行全国了。后者是鼓吹大众语，因为汉字和大众是势不两立的。他说"现在能够实行的，我以为（一）制定罗马字拼音（赵元任的太繁，用不来的）；（二）做更浅显的白话文，采用较普通的方言，姑且算是向大众语去的作品，至于思想，那不消说，该是'进步'的；（三）仍要支持欧化文法，当作一种后备。"（《论大众语》）

本期的重要著作，列举如下：

杂感集　《三闲集》

杂感集　《二心集》

杂感集　《南腔北调集》

杂感集　《伪自由书》（一名《不三不四集》）

杂感集 《准风月谈》

杂感集 《花边文学》

小说 《故事新编》

杂文 《集外集》

此外，近年散见各种杂志的文章，不曾由他自己结集起来，否则一定又添了一个有趣的书名。有一本题作《一九三五年——一九三六年鲁迅杂文集》，在他逝世的一个月——十月印行的，编次甚乱而销行甚广，决不是他自己编订的东西，前面既无序文，书尾也不贴版花。自从他一去世，投机取巧的市侩，东抄西撮，纷纷出书，什么"鲁迅自述"啦，"鲁迅杂感集"啦，"鲁迅讽刺文集"啦，"鲁迅最后遗著"啦，陈列在书摊上，五花八门，指不胜屈。更有无耻之徒，冒名取利者，将别人的作品，换一个临时封面，公然题作"鲁迅著"，例如《活力》《归家》等等，尤其可恶。请诸位千万注意，别去上当！

以上所谈，只关于他的创作方面，至于翻译，已经印行的不下三十种，工作也极其认真，字字忠实，不肯丝毫苟且，并且善能达出原文的神旨，这也是译界中不可多得的珍宝。

总之，鲁迅无论求学，做事，待人，交友，都是用真诚和挚爱的态度，始终如一，凡是和他接近过的人一定会感觉到的。他的勤苦耐劳，孜孜不倦，真可以忘食，忘寒暑，忘昼夜。在广州住白云楼的时候，天气炎热，他的住室，阳光侵入到大半间，别人手上摇着扇子，尚且流汗，可是他能在两窗之间的壁下，伏案写稿，手不停挥；修订和重抄《小约翰》的译稿；编订《朝花夕拾》，作后记，绘插图；又编录《唐宋传奇集》等等。蛰居上海以后，为生活费的关系，勤劳更甚。书案前一坐下，便是工作；工作倦了，坐到案旁的一张藤躺椅上，看看报，或是谈谈天，便算休息。生平游览极少，酬应最怕，大抵可辞则辞。衣服是布制的；鞋当初是皮的，十余年来是胶皮底帆布面的；卧床向用板床，近十年来才改；写字始终用毛笔。除了多吸烟卷而外，一无嗜好。他至死保持着质朴的学生时代的生活。

他的真挚，我不用说别的，就在游戏文字里，也是不失常度，试读《我的失恋》，便可知道。这本来是打油诗，其中所云："爱人赠我百蝶巾，回她什么：猫头鹰""爱人赠我双燕图，回她什么：冰糖壶卢""爱人赠我金表索，回她什么：发汗药""爱人赠我玫瑰花，回她什么：赤练蛇"（《野草》十一至十四页），似乎是信口胡诌了，其实不然。要晓得猫头鹰，发汗药之类，的确是他自己所心爱的或是所常用的物品，并没有一点做作。

他的富于友爱，也是常人所不能及的，最肯帮人的忙，济人的急，尤其是对于青年，体贴无微不至。但是竟还有人说他脾气大，不易相处，这是我所不解的。

他这样地牺牲了个人生前的幸福，努力为民族的生存和进步而奋斗，患肺结核而至于医师多次警告了，还是不肯休息，而且"要赶快做"，真是实践了他三十五年前所做的"我以我血荐轩辕"的诗句！

鲁迅传

我说过：鲁迅之所以伟大，就在他的冷静和热烈双方都彻底。现在话已说多了，就引用他的"自嘲"诗中的两句作为今天谈话的总括罢：

"横眉冷对千夫指；
俯首甘为孺子牛。"

上句表冷静，下句表热烈。关于上句，请参阅"我的确时时解剖别人，然而更多的是更无情面地解剖我自己，发表一点，酷爱温暖的人物已经觉得冷酷了。如果全露出我的血肉来，末路正不知要到怎样。"(《坟》：写在"坟"后面) 下句请参阅"《救救孩子》"(《狂人日记》的末句)，"自己背着因袭的重担，肩住了黑暗的闸门，放他们到宽阔光明的地方去"(《坟》："我们现在怎样做父亲")。又景宋的哀诗所引用的"我好像一只牛，吃的是草，挤出的是奶。"即使在"自嘲"中，也可以看出他的伟大来。

（二十五年十二月十七日）

怀　旧

　　鲁迅是诗人，不但他的散文诗《野草》，内含哲理，用意深邃，幽默和讽刺随处可寻。就是他的杂感集，依罗膺中（庸）看法，也简直是诗，因为每篇都是短兵相接，毫无铺排。异于辞赋，而且中有我在。至于旧诗，虽不过是他的余事，偶尔为之，可是意境和音节，无不讲究，工夫深厚，自成风格。

　　鲁迅的《集外集》印行于上年五月，所收的旧诗只有十四首，但是据我所知，他的旧诗，实在不止此数，漏落的还是很多。我还藏着录稿和他手写的诗稿有好几首，现在抄录于下。凡《集外集》已载的，概不阑入。一九〇三年他二十三岁，在东京有一首《自题小像》赠我的：

　　　　灵台无计逃神矢，风雨如磐暗故园。
　　　　寄意寒星荃不察，我以我血荐轩辕。

鲁迅传

首句说留学外邦所受刺激之深，次写遥望故国风雨飘摇之状，三述同胞未醒，不胜寂寞之感，末了直抒怀抱，是一句毕生实践的格言。

一九一二年五月初，我和他由海道北来，到北京后，同住绍兴会馆；我和先兄铭伯在嘉荫堂，他在藤花馆。第一天，我还记得他和先兄初次晤面，便是"倾盖如故"。他看见先兄的案头有《越中先贤祠目》，便索去了一册。从此，几乎朝夕相见，每逢星期日偕游琉璃厂，陶然亭，万牲园等处。有一天，大概是七月底罢，大风雨凄黯之极，他张了伞走来，对我们说："爱农死了。据说是淹死的，但是我疑心他是自杀。"于是给我们看昨夜所作的《哀诗三首》：

风雨飘摇日，余怀范爱农。
华巅萎寥落，白眼看鸡虫。
世味秋荼苦，人间直道穷。
奈何三月别，竟尔失畸躬！

海草国门碧，多年老异乡。
狐狸方去穴，桃偶已登场。
故里寒云黑，炎天凛夜长。
独沈清冷水，能否涤愁肠？

怀 旧

把酒论当世，先生小酒人。
大圜犹酩酊，微醉自沈沦。
此别成终古，从兹绝绪言。
故人云散尽，我亦等轻尘！

先兄读了，很赞美它；我尤其爱"狐狸方去穴"的两句，因为他在那时已经看出袁世凯要玩把戏了。

《集外集》的第一首，题曰《哭范爱农》（下注一九一三年是错的，应作一九一二年），便是原稿的第三首。其第一第二两首，并非故意删掉，乃是忘记了的。一九二六年十一月，他在厦门写《旧事重提》的《范爱农》的时候就这么说：

夜间独坐在会馆里，十分悲凉，又疑心这消息并不确，但无端又觉得这是极其可靠的，虽然并无证据。一点法子都没有，只做了四首诗，后来曾在一种日报上发表，现在是将要忘记完了。只记得一首里的六句，起首四句是："把酒论天下，先生小酒人，大圜犹酩酊，微醉合沈沦。"中间忘掉两句，末了是"旧朋云散尽，余亦等轻尘"。（《朝花夕拾》八四页）

其实这哀诗原来只有三首，并非四首。《集外集》所载的第三联"出谷无穷夜，新宫自在春"，可见得是临时补作的。

我还记得一九一二年八月，距他做诗之后不久，先兄快要出

京,有和其同年友俞毓吴(錸)偕游陶然亭诗二首:

故乡山水甲东南,六载京尘失素妝。
喜有江亭临万苇,恍如湖月坐三潭。
灵棋劫后龙无首,宦梦醒时鹤可骖。
惭愧邯郸厮养妇,壁间诗句耐寻探。

西山秋色隐云端,香冢荒凉蝶梦寒。
太息绮罗成古代,依然尘壒满长安。
此间小僻堪谈往,暂别神交漫损欢。
他日还来人海里,与君抚树再盘桓。

鲁迅读了先兄的诗,说"太息绮罗"一联,尤为喜欢。呜呼!忽忽二十五年,追念昔游犹在心目,两人的言笑亦犹在耳,而先兄去世已经十六年,鲁迅殁已两月了!风流顿尽,为之怆然!

距今三年前春天,我经过上海去访鲁迅,不记得怎么一来,忽而谈到旧诗。我问他还有工夫做旧诗么,他答道偶尔玩玩而已,就立刻取了手头的劣纸,写了许多首旧作给我看。有一首是《答客诮》:

无情未必真豪杰,怜子如何不丈夫。
知否兴风狂啸者,回眸时看小於菟。

怀　旧

这大概是为他的爱子海婴活泼会闹，客人指为溺爱而作。"救救孩子"，情见乎辞。又一首是《所闻》：

华镫照宴敞豪门，娇女严装侍玉樽。
忽忆情亲焦土下，佯看罗袜掩啼痕。

这是一方写豪奢，一方写无告，想必是一九三二年"一二八"闸北被炸毁后的所闻。又两首都是《无题》：

皓齿吴娃唱柳枝，酒阑人静暮春时。
无端旧梦驱残醉，独对灯阴忆子规。

故乡黯黯锁玄云，遥夜迢迢隔上春。
岁暮何堪再惆怅，且持卮酒食河豚。

此外，还有一首也是《无题》，已见于《集外集》，因为其中有几个字不相同，特录如此：

洞庭浩荡楚天高，眉黛心红涴战袍。
泽畔有人吟亦险，秋波渺渺失离骚。

在《集外集》里的，"浩荡"作"木落""心"作"猩""吟亦险"作"吟不得"。

去年我备了一张宣纸,请他写些旧作,不拘文言或白话,到今年七月一日,我们见面,他说去年的纸,已经写就,时正病卧在床,便命景宋检出给我,是一首《亥年残秋偶作》:

曾惊秋肃临天下,敢遣春温上笔端。
尘海苍茫沈百感,金风萧瑟走千官。
老归大泽菰蒲尽,梦坠空云齿发寒。
竦听荒鸡偏阒寂,起看星斗正阑干。

俯视一切,感慨百端,沙漠前途,奋斗益力,于悲哀绝望中,寓熹微的星光也。

其余见于逝世后各种纪念文中所引的,还有若干首可找,俟后再谈。

一九三六年十二月十九日

关于《弟兄》

鲁迅的写作理论,是丰富而又正确,随处可以看到,我们只就他的《(自选集)自序》和《我怎样做起小说来》两篇(均见《南腔北调集》),略加理析,也便可以窥见一斑,举其要点:(一)题材要组织,不全用事实,只是采取一端,加以改造,或生发开去,人物的模特儿也不专用一个人,往往嘴在浙江,脸在北京,衣服在山西,是一个拼凑起来的角色。(二)要深究旧社会的病根,把它暴露出来,催人留心,设法加以疗治的希望。(三)有时为达到这希望计,删削些黑暗,装点些欢容,使作品比较地显出若干亮色。以上三点,我们先就《呐喊》中,举个例子说明一下罢。如《药》,夏瑜显然是革命先烈秋瑾的改造,就义的地方——古□亭□就是绍兴城里的古轩亭口,但是女性改写作男性了,就义原在夏天,却改写作秋天了,此其一。革命先烈的成仁,只供人血馒头之用,来暴露旧社会的愚妄,此其二。夏瑜被埋在密密层层的丛冢堆中,而坟顶上放着一个花环,此其三。

再就《彷徨》中举个例罢,《彷徨》的作风已经和《呐喊》的时代不一样,他的思路和技术,都更有了进步,但是寂寞之感也跟着增加,因之上文所述的(三)"装点欢容",已经渺不可得了。例如《弟兄》这篇写张沛君为了兄弟患病,四处寻医,种种忧虑奔走的情形,大部分是鲁迅自身经历的事实。大约在一九一七年的春末夏初罢,他和二弟作人同住在绍兴会馆补树书屋,作人忽而发高热了。那时候,北京正在流行着猩红热,上年教育部有一位同事且因此致死。这使鲁迅非常担忧,急忙请德医悌普耳来诊,才知道不过是出疹子。第二天他到教育部,很高兴地对我详述了悌医生到来之迟,和他的诊断之速,并且说:"起孟原来这么大了,竟还没有出过疹子。"他描写沛君在夜的寂静中,翘望着医生的到来,因而注意每辆汽车的汽笛的呼啸声:

……忽而远远地有汽车的汽笛发响了,使他的心立刻紧张起来,听它渐近,渐近,大概正到门口,要停下了罢,可是立刻听出,驶过去了。这样的许多回,他知道了汽笛声的各样:有如吹哨子的,有如击鼓的,有如放屁的,有如狗叫的,有如鸭叫的,有如牛吼的,有如母鸡惊啼的,有如呜咽的……。他忽而怨愤自己:为什么早不留心,知道,那普大夫的汽笛是怎样的声音的呢?

关于《弟兄》

他因是自己身历其境的事实,所以能够写得这样曲折和亲切。此外,描写那凌乱的思绪,以及那一段惝恍迷离的梦境,乃是上文所述的(一)"生发开去",出于虚造,并非实情。然而虚造得也很自然,人们经过了紧张,愁苦,劳瘁之后,会起种种幻想,夜里睡了,他的下意识会突然地显露出来,做场恶梦:这都是常有的心理作用。

而且,这一段梦境的描写,也就是一种上文所述(二)的"暴露":鲁迅在沛君的身上,发掘下意识的另一面貌,把它暴露出来。加以秦益堂家中的兄弟相打,中医白问山的诊断含糊,这些也都是揭发旧社会的病根。虽说是陪衬之笔,却使作品更觉得丰腴有味。

说到这里,现在要将鲁迅对于兄弟作人的友爱情形,略略提明,依《鲁迅年谱》,在一九二三年,八月迁居砖塔胡同之前,他们两个人真是"兄弟怡怡"。鲁迅在东京不是好好地正在研究文艺,计划这样,计划那样吗?为什么要"归国,任浙江两级师范学堂生理学化学教员"呢(一九〇九年)?这因为作人那时在立教大学还未毕业,却已经和羽太信子结了婚,费用不够了,必须由阿哥资助,所以鲁迅只得自己牺牲了研究,回国来做事。鲁迅在《自传》中,所谓"终于,因为我的母亲和几个别的人很希望我有经济上的帮助,我便回到中国来……""几个别人"者,作人和羽太信子也。即此一端,可知鲁迅之如何以利让弟!又鲁迅留心乡邦的文献,"辑成《会稽郡故书杂集》一册,用二弟作人名印行"（一九一五年），是为什么呢？搜辑古小说逸文，成《古小说钩沈》十本，原也想用作人的名字刊行，又为什么呢？为的自己不求闻达，即此可知鲁迅之如何以名让弟！名和利都可以让给兄弟，我们就容易明了那《弟兄》里的一句赞叹沛君的话："真是少有的，他们两个人就像一个人。"这是真实，并不是讽刺。

所以沛君的性格是不坏的。有人以为他和《肥皂》的四铭，《高老夫子》的主人公高尔础差不多，其实是大不然。他既不像四铭的阴险腐臭，恶骂青年，以致四太太对他也有诛心之论，也不像高老夫子的丑恶卑鄙，种种矫饰，带着流氓的气息。沛君的生活就是鲁迅自己生活的一面。所写的环境，如公益局办公室里缺口的唾壶，折足的破躺椅，以及满室的水烟的烟雾，都是北京教育部社会教育司第一科里的实在情形。同兴公寓就是绍兴会馆的改写，同寓者的看戏，打茶围也是事实。普悌思大夫就是悌普耳，东城的美亚药房就是利亚药房，悌大夫所指定的。不仅此也，连描写靖甫的一言一动，如问"信么？"如"靖甫伸手要过书去，但只将书面一看，书脊上的金字一摩，便放在枕边，默默地合上眼睛了。……"等等，也都是作人的面影。所以这篇小说的材料，大半属于回忆的成份，很可以用回忆文体来表现的，然而作者那时别有伤感，不愿做回忆的文，便做成这样的小说了。这篇小说里含讽刺的成份少，而抒情的成份多，就是因为有作者本身亲历的事实在内的缘故。

关于《弟兄》

　　临了，还有一点要顺便声明的：刚才说到《鲁迅年谱》，这虽由我署名编次，其实执笔并非一人，景宋有一篇《(鲁迅年谱)的经过》，登在《宇宙风》乙刊第二十九期，已经说得很明白。我所主编的一部分，因为时间匆促，草草脱稿，的确过于简略，疏漏之处太多。即如上面所说的《古小说钩沈》，这书搜辑的年月，谱中未曾提明，自己觉得非常不安，将来得有机会，定要把它增订一番。

一九四二年十月十七日

回忆鲁迅

鲁迅先生是我的畏友,他的学问道德,"吾无间然"。自一九〇二年在东京开始相识,至一九三六年他逝世为止,我们时常见面,经过了三十五年间的交谊。今年当他逝世八周年纪念,略写一点回忆如下:

一 改造社会思想的伟大

一九〇二年我和鲁迅同在东京弘文学院预备日语,却是不同班,也不同自修室,他首先来看我,初见时谈些什么,现在已经记不清了。有一天,谈到历史上中国人的生命太不值钱,尤其是做异族奴隶的时候,我们相对凄然。从此以后,我们就更加亲近,见面时每每谈中国民族性的缺点。因为身在异国,刺激多端,……我们又常常谈着三个相联的问题:(一)怎样才是理想的人性?(二)中国民族中最缺乏的是什么?(三)它的病根何在？对于（一），因为古今中外哲人所孜孜追求的，其说浩瀚，我们尽可择善而从，并不多说。对于（二）的探索，当时我们觉得我们民族最缺乏的东西是诚和爱，——换句话说：便是深中了诈伪无耻和猜疑相贼的毛病。口号只管很好听，标语和宣言只管很好看，书本上只管说得冠冕堂皇，天花乱坠，但按之实际，却完全不是这回事。至于（三）的症结，当然要在历史上去探究，因缘虽多，而两次奴于异族，认为是最大最深的病根。做奴隶的人还有什么地方可以说诚说爱呢？……唯一的救济方法是革命。我们两人聚谈每每忘了时刻。我从此就佩服他的理想之高超，着眼点之远大。他后来所以决心学医以及毅然弃医而学文学，都是由此出发的。我爱读他的那篇小说《兔和猫》(《呐喊》)，因为两条小生命（兔）失踪了，生物史上不着一点痕迹，推论开去，说到槐树下的鸽子毛呀，路上轧死的小狗呀，夏夜苍蝇的吱吱的叫声呀，于是归结到造物实在将生命造得太滥了，毁得太滥了。这里，我认为很可以看出他的思想的伟大。

二 事物价值判断的正确

鲁迅学医的动机有好几个，据他自己说，第一，恨得中医耽误了他的父亲的病；第二，确知日本明治维新是大半发端于西医的事实。但是据我所知，还有第三个：救济中国女子的小脚；又据孙伏园先生说，还有第四个：由于少年时代牙痛的难受。这也是确的，不是他那篇《从胡须说到牙齿》(《坟》)里便提到这件故事吗？鲁迅当初学矿，后来学医，对于说明科学，如地质学，矿物学，化学，物理学，生理学，解剖学，病理学，细菌学，自然是根底很厚。不但此也，他对于规范科学也研究极深。他在医学校里不是伦理学的成绩得了最优等吗？这一点，我觉得大可注意的。他的口里虽然不讲什么道德，而于善恶是非之辨，却是最致力的。惟其如此，他对于一切事物，客观方面既能说明事实之所以然，主观方面又能判断其价值之所在。以之运用于创作，每有双管齐下之妙。举例来说：他利用了医学的知识写《狂人日记》，而归结善恶是非的判断，他道："有了四千年吃人履历的我，当初虽然不知道，现在明白，难见真的人！"又利用了弗罗伊特学说写《补天》，说明女娲氏创造力的伟大和美妙，而归结到判断其自我牺牲精神的彻底，说道："伊的以自己用尽了自己一切的躯壳，便在这中间（太阳和月亮）耽搁，而且不再呼吸了。"这不是对于规范科学素有修养，明白了真善美的价值判断，那里能够到这地步呢？我们要知人论世，要驳倒别人而自立于不败之地，都非有这种修养不可。鲁迅有了这种修养，所以无论在谈话上或写作上，他都不肯形容过火，也不肯捏造新奇。处处以事实做根据，而又加以价值的判断，并不仅仅以文艺技巧见长而已。

三　读书趣味的浓厚

鲁迅在东京研究文艺的时候，兼从章太炎师习文字学，从俄国革命党习俄文，又在外国语学校习德文，我都和他在一起。他生平极少游览，留东七年，我记得只有两次和他一同观赏上野的樱花，还是为了到南江堂买书之便。其余便是同访神田一带的旧书铺，同登银座丸善书店的书楼。他读书的趣味很浓厚，决不像多数人的专看教科书；购书的方面也很广，每从书店归来，钱袋空空，相对苦笑，说一声"又穷落了！"这种由于爱好而读书，丝毫没有名利之念。我们试读《而已集·读书杂谈》，他劝学生"看看本分以外的书，即课外的书，不要只将课内的书抱住"。又在《小约翰·引言》中，他描写旧书铺的掌柜，仿佛是据网的蜘蛛，专待飞虫，自述"逡巡而入，去看一通，到底是买几本，弄得很觉得怀里有些空虚"。以后在杭州教书之暇，喜欢采集和研究植物标本，北京办公之暇，又喜欢搜集和研究古碑拓片等等，都是为科学而科学，为艺术而艺术。这是鲁迅读书治学的态度。

以上三点，是鲁迅特长的一部分。此外，长处尚多，兹姑从略。

另说一点他的轶事罢。他从仙台回东京，中途下车去瞻仰凭吊朱舜水遗迹的故事，我在序王冶秋先生所著《民元前的鲁迅先生》文中已经说过，此处不拟复述。有一次，他从东京出发往仙台，付了人力车资，买了火车票之后，囊中只剩银币两角和铜板两枚了。因为火车一夜就到，他的学费公使馆已经直寄学校留交了。他便大胆买了两角钱的香烟塞在衣袋里，粮草既足，扬长登车。不料车到某站，许多乘客一拥而上，车中已无坐位，鲁迅看见有一个老妇人上来，便照例起立让坐。这位妇人因此感激，谢了又谢，从此开始攀谈，并且送给他一大包咸煎饼。他大嚼一通，便觉得有点口渴，到了一站，便唤买茶，但是立刻记起囊中的情形了，只好对卖茶人支吾一声而止。可是已经被老妇人听见，以为他是赶不及买，所以一到第二站，她急忙代为唤茶，鲁迅只好推托说现在不要了。于是由她买了一壶送给他，他就毫不客气，一饮而尽。鲁迅做事，不论大小，总带一点不加瞻顾勇往直前的冒险意味。

　　再来一个罢。一九一八年，我在南昌，不幸有"臼炊之梦"。鲁迅远道寄信来慰唁，大意是说嫂夫人初到南昌，便闻噩耗，世兄们固然不幸，但我以为儿童们倘有慈母，或是幸福，然若幼而失母，却也并非完全的不幸，他们也许倒成为更加勇猛，更无挂碍的人。其言极有理致，但是也只有鲁迅能够写出这样措辞的唁信。

一九四四年十月

鲁迅的几封信

我保存着鲁迅给我的书札,为数颇不少。可惜最早的一部分,就是他在仙台学医时所寄给我的,以及后来我在南昌时所收到的信,早已不知去向了。此后的来信大概还都无恙,不过远在北平,装封在书箱里,一时无从整理。除了在《鲁迅书简》上照印过一九二三年十二月的一通,又在拙著《怀亡友鲁迅》里引用过几句以外,从来未曾发表。现在只就手头所有的四封短信,抄录出来,略加说明如下:

一 一九二七年广州来信

季茀兄:

十九日信已到,现校中只缺豫科教授,大家俱愿以此微职相屈,望兄不弃,束装即来。所教何事,今尚未定,总之都甚容易,又须兼教本科二三小时,月薪为二百四十,合大洋约二百上下，以到校之月起算，甚望于二月（阳历）间到校，可以玩数天，开学则三月二日也。

此间生活费颇贵，然一人月用小洋百元足够，食物虽较贵而质料殊佳；惟房租贵，三小间约月需二十元上下。弟现住校中，来访者太多，殊不便，将来或须赁屋，亦未可知。

信到后乞即示行期。又如坐太古船，则"四川""新宁""苏州"等凡以 S 起头者皆较佳。"唐餐楼"每人约二十五六元。

来信仍寄校中。

迅上 一月二十九夜

二 同上

季茀兄：

昨刚发寄信绍沪，今晨得二十三日来信，俱悉。兄之聘书，已在我处，为豫科教授，月薪二百四十元，合大洋不过二百上下。此间生活费，有百元足矣，不至于苦。

至于所教功课，现尚无从说起，因为一切尚无头绪。总之此校的程度是并不高深的，似乎无须怎样大预备。

开学是三月二日，但望兄见信即来，可以较为从容，谈谈。所教功课，也许在本科也有几点钟。

校中要我做文科主任，我尚未答应。

从沪开来的轮船，太古公司者，"苏州""新宁""四川"等凡以S起首者最好。听说"苏州"尤佳。我坐的是"唐餐楼"（胜于官舱），价二十五元左右。

余面谈。

迅上　正月三十一日

案这两封信是鲁迅初到广州中山大学给我的。虽寥寥数语，意思却是很恳切周到。我那时不愿再困居北京，从上年十一月至天津，小住数日，遵海而南，至上海嘉兴又各小住数日，至杭州晤老友公洽（时为浙江省长），他聘我做参议，我就答应，聊蔽风雨。那时国民革命军节节胜利，势如破竹，我当面询问公洽："浙江何时独立？"他答道，某军现到何处，某地兵力只有若干，"和此地还未能呼应，独立尚非其时。……"然而孙传芳张宗昌吃人的军队已经狰狰而来了。我便赶快和先仲兄（仲兄适由绍兴来杭，是日冬至）毁弃证件，束装而走。沿路受这些狰狞的军人检查，倾箱倒箧，搜及衣服，直至上钱塘江渡船始得喘息。是夜寒甚无风，月色如画，舟过钱塘江，万顷空明，胸襟大畅。一路山水奇秀，而又得此佳月，足使白天所受的闷气，荡涤无余。我还乡数日，又复出门，一面写信给鲁迅，告以近状，鲁迅因此有回信如上。

三　一九三四年上海来信

季茀兄：

　　《嘉业堂书目》早收到。日来连去两次，门牌已改为八九九号，门不肯开，内有中国巡捕，白俄镖师，问以书，则或云售完，或云停售，或云管事者不在，不知是真情，抑系仆役怕烦，口拒绝也。但要之，无法可得。兄曾经买过刘氏所刻书籍否？倘曾买过，如何得之，便中希示及。

　　此布，即颂

　　曼福。

弟令飞顿首　五月八夜

　　案嘉业堂主人刘承干是世家子弟，南浔富绅，刻书不少，尤其是关于明季遗老的著述，所可怪的是他本人身为民国国民而颇有前清遗老的气息。我不曾亲到嘉业堂购书，所以不知其难购。鲁迅还有一段文字如下：

　　……但是到嘉业堂去买书，可真难。我还记得，今年春天的一个下午，好容易在爱文义路找着了，两扇大铁门，叩了几下，门上开了一个小方洞，里面有中国门房，中国巡捕，白俄镖师各一位。巡捕问我来干什么的。我说买书。他说账房出去了,没有人管,明天再来罢。我告诉他我住得远,可能给我等一会呢?他说,不成!同时也堵住了那个小方洞。过了两天,我又去了,改在上午,以为此时账房也许不至于出去。但这回所得回答却更其绝望,巡捕曰:"书都没有了!卖完了!不卖了!"

我就没有第三次再去买,因为实在回复的斩钉截铁。现在所有的几种,是托朋友去辗转买来的,好像必须是熟人或走熟的书店,这才买得到。(《且介亭杂文·病后杂谈(三)》)

四　同上

季巿兄:

廿二日信奉到。师曾画照片,虽未取来,却已照成,约一尺余,不复能改矣。

有周子竞先生名仁,兄识其人否?因我们拟印《陈老莲插画集》,而《博古叶子》无佳本,蝉隐庐有石印本,然其底本甚劣。郑君振铎言曾见周先生藏有此画原刻,极想设法借照,郑重处理,负责归还。兄如识周先生,能为一商洽否?

此布。即颂曼福不尽。

弟索士顿首　六月二十四日

案师曾是亡友陈衡恪的别号。他的书法,绘画,刻印三者俱佳绝。他生平送给我好几张画，因为老友经子渊（亦已去世）要看看，打算选印师曾画集，我便用照像邮寄给他。

陈老莲名洪绶，字章侯，浙江诸暨人，是明末的民族艺术家。自幼慧悟，艺擅天才而又孜孜力学。游钱塘，闻蓝瑛工写生，请受傅染之法。蓝自以为不及，曰："章侯之画，出于天授。"然章侯犹以为未足，就杭州府学拓取宋李龙眠的《七十二名贤》石刻，闭户临摹者十日，出以示人，问之，皆曰"似"。章侯稍喜。退而复抚十日，再问之，皆曰"无似处"。乃大喜，曰："我临摹多次，渐变其法，以圆易方，以整归散，以至人不得辨。"崇祯年间，入京师，召赴内廷，临《历代帝王图》，因得纵观内廷所藏书画，艺更大进。这《博古叶子》是他晚年的作品，说是略取其意于此，盖由模拟而进于创造者。总之章侯之画，以人物为最工，其笔法之渊静，气局之高旷，躯干之伟岸，衣纹之圆劲，识者谓三百年来无此笔墨。鲁迅特别爱好，所以愿为印插图集，但似乎没有印成功。

以上四封信，为什么单独在身边呢？这因为一九三七年九月，我将由嘉兴动身往西安了，嘉兴已经常常受敌机轰炸，我劝妻快快避地绍兴，而她犹恋恋不去，我茫然地虑得此屋行将不保，然而身外长物无法可想。偶尔收拾我的书桌抽屉，无意中看到这四封躺在杂纸捆，于是捡起，归入我的行箧——行箧中除一本日记外，只是日用衣服，别无书籍。果然，我走了以后，嘉兴天天被炸，妻子和亲戚们都是在夜间暗中各提一个小箧逃出的。

跟着上海就撤守了。嘉兴同时沦陷了，我家和亲戚家的房屋什物统统变成劫灰了。只有这四封书居然及早携出，能够不随例化为烟尘，可为大幸！

一九四五年十月十五日

鲁迅与民族性研究

鲁迅对于我们民族有伟大的爱，所以对于我们民族，由历史上，社会上各方面研究得极深。他在青年留学时期，就已经致力于民族性的检讨过去和追求将来这种艰巨的工作了，从此抉发病根毫无顾忌，所呼吁异常迫切，要皆出于至诚，即使遭了一部分讳疾忌医者的反感也在所不计。正惟其爱民族越加深至，故其观察越加精密，而暴露症结也越加详尽，毫不留情。他的舍弃医学，改习文艺，不做成一位诊治肉体诸病的医师，却做成了一位针砭民族性的国手。他的创作和翻译约共六百万字，便是他针砭民族性所开的方剂。

他常常劝人多看历史，尤其看野史杂记，有云：

我们从古以来，就有埋头苦干的人，有拼命硬干的人，有为民请命的人，有舍身求法的人，……虽是等于为帝王将相作家谱的所谓"正史"，也往往掩不住他们的光耀，这就是中国的脊梁。

(《且介亭杂文·中国人失掉自信力了吗》)

他又云:

历史上都写着中国的灵魂,指示着将来的命运,只因为涂饰太厚,废话太多,所以很不容易察出底细来。正如通过密叶投射在苔藓上面的月光,只看见点点的碎影。但如看野史和杂记,可更容易了然了,……(《华盖集·忽然想到(四)》)

他又劝人要正视社会的各方面,勿害怕,勿遮盖,有云:

中国人的不敢正视各方面,用瞒和骗,造出奇妙的逃路来,而自以为正路。在这路上,就证明着国民性的怯弱,懒惰,而又巧滑。一天一天的满足着,即一天一天的堕落着,但却又觉得日见其光荣。(《坟·论睁了眼看》)

他又指示民族性研究的多方面,旧中国特产的毛病实在不少,因之可以研究的方面也实在不少。例如评论日本安冈秀夫《从小说看来的支那民族性》一书,结束有云:

中国人总不肯研究自己。从小说来看民族性,也就是一个好题目。此外,则道士思想(不是道教,是方士)与历史上大事件的关系,在现今社会上的势力;孔教徒怎样使"圣道"变得和自己的无所不为相宜;战国游士说动人主的所谓"利""害"是怎样的,和现今的政客有无不同;中国从古到今有多少文字狱;历来"流言"的制造散布法和效验等等……可以研究的新方面实在多。(《华盖集续编·马上支日记(七月四日)》)

他更坚决主张民族性必须改造,否则招牌虽换,货色照旧,口号虽新,骨子不改,革命必无成功之一日。真革命家只有前进,义无反顾的,有云:

说到中国的改革,第一著自然是扫荡废物,以造成一个使新生命得能诞生的机运。五四运动,本也是这机运的开端罢,可惜来摧折它的很不少。那事后的批评,本国人大抵不冷不热地,或者胡乱地说一通,外国人当初倒颇以为有意义,然而也有攻击的,据云是不顾及国民性和历史,所以无价值。这和中国多数的胡说大致相同,因为他们自身都不是改革者。岂不是改革么?历史是过去的陈迹,国民性可改造于将来,在改革者的眼里,已往和目前的东西是全等于无物的。(《出了象牙之塔·后记》)

以上是说国民性之必须经过改造。鲁迅在创作里面,暴露社会的黑暗,鞭策旧中国病态的国民性,实在很多。例如有名的《阿Q正传》是一篇讽刺小说。鲁迅提炼了中国民族传统中的病态方面,创造出这个阿Q典型。阿Q的劣性,仿佛就代表国民性的若干面,俱足以使人反省。鲁迅对于阿Q的劣性如"精神胜利法"等等,固然寄以憎恶,然而对于另外那些阿Q如赵太爷之流,更加满怀敌意,毫不宽恕。他利用了阿Q以诅咒旧社会,利用了阿Q以衬托士大夫中的阿Q,而回头看一向被赵太爷之流残害榨取,以至赤贫如洗,无复人形的阿Q本身,反而起了同情。但是为整个民族的前途着想,要荡涤旧污,创造出"中国历史上未曾有过的第三样时代!(从前只有两样时代:一、想做奴隶而不得的时代,二、暂时做稳了奴隶的时代)。——见《坟·灯下漫笔》,阿Q的劣性必须首先铲除净尽,所以非彻底革命不可。

此外,鲁迅描写我们民族性的伟大,可以代表我们民族文化的结晶,在《故事新编》中,便有好几篇,如《铸剑》,取材于古小说《列异传》:

干将莫邪为楚王作剑,三年而成。剑有雄雌,天下名器也,乃以雌剑献君,藏其雄者。谓其妻曰:"吾藏剑在南山之阴,北山之阳;松生石上,剑在其中矣。君若觉杀我。尔生男,以告之。"及至君觉,杀干将。妻后生男,名赤鼻,告之。赤鼻斫南山之松,不得剑;忽于屋柱中得之。楚王梦一人,眉广三寸,辞欲报仇。购求甚急,乃逃朱兴山中。遇客,欲为之报;乃刎首,将以奉楚王。客令镬煮之,头三日三夜跳不烂。王往观之,客以雄剑倚拟王,王头堕镬中;客又自刎。三头悉烂,不可分别,分

葬之，名曰三王冢。《御览》三百四十三（《古小说钩沈》）

从这短短的几行文字，鲁迅演出了一大篇虎掷龙拿，有声有色，最富于复仇战斗精神的小说，使人们读了，看到英姿活跃，恍如亲接其人。

又如《理水》《非攻》，鲁迅在描写大禹，墨子伟大的精神的时候，不知不觉地有他自己的面影和性格反映于其中。……鲁迅生平真真是一个埋头苦干，拼命硬干的人，不愧为中国的脊梁！

一九四五年十月十九日

鲁迅的精神

抗战到底是鲁迅毕生的精神。他常常说:"在青年,须是有不平而不悲观,常抗战而亦自卫,……"(《两地书(四)》)又说:"血债必须用同物偿还。拖欠得越久,就要付更大的利息!"(《华盖集续编·无花的蔷薇之二》)又说:"富有反抗性,蕴有力量的民族,因为叫苦没用,他便觉悟起来,由哀音而变为怒吼。……他要反抗,他要复仇。"(《而已集·革命时代的文学》)又在抗日战争开始的前一年,他临死时,还说:"因为现在中国最大的问题,人人所共的问题,是民族生存的问题。……中国的唯一的出路,是全国一致对日的民族革命战争。"(《且介亭杂文末编·论现在我们的文学运动》)到现今,抗战胜利后一年,他的逝世已经十周年了,台湾文化协进会来信征文,指定的题目是《鲁迅的精神》,觉得义不容辞,便写出下面的几点意见:

鲁迅作品的精神,一句话说,便是战斗精神,这是为大众而战,是有计划的韧战,一口咬住不放的。这种精神洋溢在他的创作中。他的创作可分为二类：一是小说，即《呐喊》《彷徨》《故事新编》（历史小说），《野草》（散文诗），《朝花夕拾》（回忆文）等。二是短评及杂文，即《坟》（一部分），《热风》《华盖集》和《华盖集续编》《而已集》《三闲集》《二心集》《伪自由书》《南腔北调集》《准风月谈》《花边文学》《且介亭杂文》（共三集），《集外集》和《集外集拾遗》（一部分）等。

鲁迅的小说，以抨击旧礼教，暴露社会的黑暗，鞭策旧中国病态的国民性，对劳苦大众的同情是其特点。例如《阿Q正传》（《呐喊》）是一篇讽刺小说，鲁迅提炼了中国民族一切传统的结晶，创造出这个阿Q典型。阿Q的劣性，仿佛就代表国民性的若干面，足以使人反省，他对于阿Q的劣性像"精神胜利法"等等，当然寄以憎恶，施以攻击，然而憎恶攻击之中，还含着同情。因为阿Q本身是一个无知无告的人，承受了数千年封建制度的遗产，一直被士大夫赵太爷之流残害榨取，以至于赤贫如洗，无复人形。鲁迅对于那些阿Q像赵太爷之流，更加满怀敌意，毫不宽恕。他利用了阿Q以诅咒旧社会，利用了阿Q以衬托士大夫中的阿Q以及人世的冷酷，而对于阿Q的偶露天真，反觉有点可爱了。又如《祝福》（《彷徨》），描写一个旧社会中的女性牺牲者，极其深刻，使知人世的惨事，不惨在狼吃阿毛，而惨在礼教吃祥林嫂。攻击的力量是何等威猛！又如《故事新编》中的《铸剑》，取材于《列异传》（《古小说钩沈》），是一篇最富于复仇精神和战斗精神的小说，表现得虎掷龙拿，有声有色，英姿活跃，可以使人们看了奋然而起，此外，如《理水》《非攻》，在描写大禹，墨子的伟大的精神中，有他自己的面影存在。至于《野草》，可说是鲁迅的哲学。其中，《死火》乃其冷藏情热的象征；《复仇》乃其誓尝惨苦的模范；《过客》和《这样的战士》，更显然作长期抗战的预告呢！

鲁迅的短评及杂文，以锋利深刻明快之笔，快镜似的反映社会政治的日常事变，攻击一切黑暗的势力，指示着光明社会的道路——这特殊的战斗文体，是鲁迅所发明的，贡献于中国新文学至为宝贵。分量之多，占其创作的大部分。任举一例，如《论雷峰塔的倒掉》（《坟》），运用了妇孺皆知的传说白蛇姑娘和法海和尚，指出压迫制度的不会长久，而压迫者法海和尚的躲入蟹壳不能出头，倒是永远的，这样巧妙的艺术，使读者仿佛受到催眠，不能不俯于真理之前（参阅茅盾著《研究和学习鲁迅》）。

鲁迅的战斗精神，分析起来，实在方面很多，有道德的，有科学的，有艺术的等等，现在略说如下：

一 道德的 鲁迅表面上并不讲道德，而其人格的修养首重道德，因之他的创作，即以其仁爱为核心的人格的表现。例如《兔和猫》（《呐喊》）因为两个小白兔忽然失踪了，接着有一大串的话：

但自此之后，我总觉得凄凉。夜半在灯下坐着想，那两条小性命，竟是人不知鬼不觉的早在不知什么时候丧失了，生物史上不着一些痕迹，并S也不叫一声。我于是记起旧事来，先前我住在会馆里，清早起身，只见大槐树下一片散乱的鸽子毛，这明明是膏于鹰吻的了，上午长班来一打扫，便什么都不见，谁知道曾有一个生命断送在这里呢？我又曾路过西四牌楼，看见一匹小狗被马车轧得快死，待回来时，什么也不见了，搬掉了罢，过往行人憧憧的走着，谁知道曾有一个生命断送在这里呢？夏夜，窗外面，常听到苍蝇的悠长的吱吱的叫声，这一定是给蝇虎咬住了，然而我向来无所容心于其间，而别人并且不听到……

正义也是仁爱的一面，鲁迅的创作也重正义的表现。例如（论"费厄泼赖"应该缓行》(《坟》)，说革命先烈不主张除恶务尽，徒使恶人得以伺机反噬，"……咬死了许多革命人，中国又一天一天沈入黑暗里，……这就因为先烈的好心，对于鬼蜮的慈悲，使它们繁殖起来，而此后的明白青年，为反抗黑暗计，也就要花费更多的气力和生命。"这样摘发纵恶当作宽容，一味姑息下去的祸患，真是"义形于色"。

二　科学的　鲁迅深慨多数国民之缺乏科学的修养，以致是非不明，善恶颠倒，所以他的创作中竭力提倡真正的科学。现在引几节于下，以见一斑：

现在有一班好讲鬼话的人，最恨科学，因为科学能教道理明白，能教人思路清楚，不许鬼混，所以自然而然的成了讲鬼话的人的对头。……据我看来,要救治这"几至国亡种灭"的中国,那种"孔圣人张天师传言由山东来"的方法,是全不对症的,只有这鬼话的对头的科学!——不是皮毛的真正科学!(《热风·随感录三十三》)

……到别国已在人工造雨的时候,我们却还是拜蛇,迎神。(《花边文学·汉字和拉丁化》)

鲁迅又为青年的读物计,提倡通俗的科学杂志,他说:

单为在校的青年计,可看的书报实在太缺乏了,我觉得至少还该有一种通俗的科学杂志,要浅显而且有趣的。可惜中国现在的科学家不大做文章,有做的,也过于高深,于是就很枯燥。现在要 Blem 的讲动物生活,Fabre 的讲昆虫故事似的有趣,并且插许多图画的;但这非有一个大书店担任即不能印。至于作文者,我以为只要科学家肯放低手眼,再看看文艺书,就够了。(《华盖集·通讯(二)》)

三 艺术的　鲁迅鉴于国民趣味的低下,所以他的创作中,竭力提倡艺术,有云:

美术家固然须有精熟的技工,但尤须有进步的思想与高尚的人格。他的制作,表面上是一张画或一个雕像,其实是他的思想与人格的表现。令我们看了，不但欢喜赏玩，尤能发生感动，造成精神上的影响。

我们所要求的美术家，是能引路的先觉，不是"公民团"的首领。我们所要求的美术品，是表记中国民族知能最高点的标本，不是水平线以下的思想的平均分数。(《热风·随感录四十三》)

鲁迅倡导艺术，其实际上的工作范围也很广。一，搜集并印行中国近代的木刻。二，介绍外国进步作家的版画。三，奖掖中国青年木刻家。总之，鲁迅熟于中国艺术史，明其何者当取，何者当舍，又博采外国的良规，其目的在创造新时代的民族艺术。他曾用了卢那卡尔斯基的话："一切有生命的，真正地美的艺术，在其本质上都是斗争的。倘若它不是斗争的，倘若它是疲倦的，没有喜悦的，颓废的，那么我们要把它当作疾病，当作这个或别个阶级底生活上的解体和衰灭底 monument 反映，把它否定了。"来鼓励青年艺术家，使中国的艺术，尤其是木刻能够欣欣向荣。他最后精印了《凯绥·珂勒惠支版画选集》，引用了德国霍普德曼（Gerhart Hauptmann）和法国罗曼·罗兰的话如下：

……一九二七年为她的六十岁纪念，霍普德曼那时还是一个战斗的作家，给她书简道："你的无声的描线，侵人心髓，如一种惨苦的呼声：希腊和罗马时候都没有听到过的呼声。"法国罗曼·罗兰（Romain Rolland）则说："凯绥·珂勒惠支的作品是现代德国的最伟大的诗歌，它照出穷人与平民的困苦和悲痛。这有丈夫气概的妇人，用了阴郁和纤秾的同情，把这些收在她的眼中，她的慈母的腕里了。这是做了牺牲的人民的沉默的声音。（《且介亭杂文末编·〈凯绥·珂勒惠支版画选集〉序目》）。

凯绥·珂勒惠支的作品实在伟大，鲁迅精印的选集实可宝贵，他说："只要一翻这集子，就知道她以深广的慈母之爱，为一切被侮辱和损害者悲哀，抗议，愤怒，斗争；所取的题材大抵是困苦，饥饿，流离，疾病，死亡，然而也有呼号，挣扎，联合和奋起。"（见同上）

其他方面尚多，姑且从略。总之，鲁迅为反对不真，不善，不美而毕生努力奋斗，以期臻于真善美的境界，虽遭过种种压迫和艰困，至死不屈。《摩罗诗力说》所云："……不为顺世和乐之音，动吭一呼，闻者兴起，争天拒俗，而精神复深感后世人心，绵延至于无已。"这话可以移用，作为鲁迅的战斗精神的写照！

鲁迅的创作，国际间多有译本，苏联翻译尤盛，日本在战前已经出版了《大鲁迅全集》共七大册。

蔡元培先生序《鲁迅全集》，有云："他的感想之丰富，观察之深刻，意境之隽永，字句之正确，他人所苦思力索而不易得当的，他就很自然的写出来，这是何等天才！又是何等学力！"又云:"综观鲁迅先生全集,虽亦有几种工作,与越缦先生相类似的;但方面较多,蹊径独辟,为后学开示无数法门,所以鄙人敢以新文学开山目之。"蔡先生这话是至言。

一九四六年九月三十日

鲁迅和青年

鲁迅是青年的导师，五四运动的骁将，中国新文艺的开山者。他的丰功伟绩，到今日几乎有口皆碑，不必多说了。但是他自己并不承认是青年的导师，正惟其如此，所以为青年们所信服，他的著述为青年们所爱诵。他说导师是无用的，要青年自己联合起来，向前迈进。他的爱护青年，奖掖青年，并不仅对个人，而是为整个民族，因为一切希望不能不寄托在青年。他看到旧习惯的积重难改，新文化的徒有虚名，只嫌自己力量不够，不能不寄希望于第二代国民，即使他们有态度不当的，他总是忍耐着；他们有思想错误的，他也从不灰心，一生孜孜为社会服务。景宋说得好："辛勤的农夫，会因为孺子弃饭满地而不耕作的吗？先生就是这样的。"他又指示着青年生存的重点，生命的道路，而且主张国民性必须改革。

鲁迅在那篇《导师》(《华盖集》)上说：

鲁迅传

近来很通行说青年；开口青年，闭口也是青年。但青年又何能一概而论？有醒着的，有睡着的，有昏着的，有躺着的，有玩着的，此外还多。但是，自然也有要前进的。

……

有些青年似乎也觉悟了，我记得《京报副刊》征求青年必读书时，曾有一位发过牢骚，终于说：只有自己可靠！我现在还想斗胆转一句，虽然有些杀风景，就是：自己也未必可靠的。

……

或者还是知道自己之不甚可靠者，倒较为可靠罢。

青年又何须寻那挂着金字招牌的导师呢？不如寻朋友，联合起来，同向着似乎可以生存的方向走。你们所多的是生力，遇见深林，可以辟成平地的，遇见旷野，可以栽种树木的，遇见沙漠，可以开掘井泉的。问什么荆棘塞途的老路，寻什么乌烟瘴气的鸟导师！

鲁迅指示生存的要点，以为青年目下的当务之急，是："一要生存，二要温饱，三要发展。苟有阻碍这前途者，无论是古是今，是人是鬼，是《三坟》《五典》，百宋千元，天球河图，金人玉佛，祖传丸散，秘制膏丹，全都踏倒它。"言之郑重痛切。现在就《北京通讯》(《华盖集》)中选引一段如下：

……我只可以说出我为别人设计的话，说是：一要生存，二要温饱，三要发展。有敢来阻碍这三事者，无论是谁，我们都反抗他，扑灭他！

可是还得附加几句话以免误解，就是：我之所谓生存，并不是苟活；所谓温饱，并不是奢侈；所谓发展，也不是放纵。

……

……（古训）教人不要动。不动，失错当然就较少了，……我以为人类为向上，即发展起见，应该活动，活动而有若干失错，也不要紧。惟独半死半生的苟活是全盘失错的。

鲁迅常说："不满是向上的车轮，能够载着不自满的人类，向人道前进。"又说："不平还是改造的引线，但必须先改造了自己，再改造社会，改造世界；万不可单是不平。至于愤恨，却几乎全无用处。"总之，要先改造自己，努力前进，他有一篇《生命的路》(《热风》)，现在摘引几句如下：

生命的路是进步的，总是沿着无限的精神三角形的斜面向上走，什么都阻止他不得。

……无论什么黑暗来防范思潮，什么悲惨来袭击社会，什么罪恶来亵渎人道，人类的渴仰完全的潜力，总是踏了这些铁蒺藜向前进。

什么是路？就是从没路的地方践踏出来的，从只有荆棘的地方开辟出来的。

鲁迅常说国民性必须改造，否则招牌虽换，货色照旧，口号虽新，革命必无成功。革命者只有前进，义无反顾的。他在《出了象牙之塔·后记》一文中说道："历史是过去的陈迹，国民性可改造于将来，在改革者的眼里，已往和目前的东西是等于无物的。"

　　以上这些话，是很适切很需要的。

　　再就鲁迅对于青年个人的指示来说，也都是非常周到深刻，而且不加客气的。我们随便举几封信看看，便可了然。例如给木刻家李雾城的信，说："做一件事无论大小，倘无恒心，是很不好的。而看一切太难，固然能使人无成，但若看得太容易，也能使事情无结果。我曾经看过MK社的展览会，新近又见了无名木刻社的《木刻集》（那书上有我的序，不过给我看的画，和现在所印者不同），觉得有一种共通的毛病，就是并非因为有了木刻，所以来开会，出书，倒是因为要开会，出书，所以赶紧大家来刻木刻，所以草率，幼稚的作品，也难免都拿来充数。非有耐心，是克服不了这缺点的。"（《鲁迅书简》）又另一封给李雾城的，说："三日的信并木刻一幅，今天收到了，这一幅构图很稳妥，浪费的刀也几乎没有。但我觉得烟囱太多了一点，平常的工厂，恐怕没有这许多；又，《汽笛响了》，那是开工的时候，为什么烟通上没有烟呢？又，刻劳动者而头小臂粗，务须十分留心，勿使看者有'畸形'之感，一有，便成为讽刺他只有暴力而无智识了。但这一幅里还不至此，现在不过偶然想起，顺便说说而已。"（见景宋的《鲁迅和青年们》文中所引）这观察是何等锐敏而深刻，这措辞是何等婉转而周到！

又如写给一位本不相识的儿童颜黎民的两封信，他要书就给他书，要照片就给他照片，有所询问就详详细细地答复他。现在只抄一段，以概其余。"说起桃花来，我在上海也看见了。……至于看桃花的名所，是龙华，也有屠场，我有好几个青年朋友就死在那里面，所以我是不去的。我的信如果要发表，且有发表的地方，我可以同意。我们不是没有说什么不能告人的话么？如果有，既然说了，就不怕发表。末了，我要通知你一件你疏忽了的地方。你把自己的名字涂改了，会写错自己名字的人，是很少的，所以这是告诉了我所署的是假名。还有，我看你是看了《妇女生活》里的一篇《关于小孩子》的，是不是？"（《鲁迅书简》）这态度是何等真挚而严正，措辞是何等亲切而周详！

本省台湾在没有光复以前，鲁迅也和海内的革命志士一样，对于台湾，尤其对于台湾的青年从不忘怀的。他赞美他们的赞助中国革命，自然也渴望着台湾的革命，这是不言而喻的，现在摘引几句于下：

还记得去年夏天住在北京的时候，遇见张我权君，听到他说过这样意思的话："中国人似乎都忘记了台湾了，谁也不大提起。"他是一个台湾的青年。

我当时就像受了创痛似的，有点苦楚；但口上却道："不。

那倒不至于的。只因为本国太破烂,内忧外患,非常之多,自顾不暇了,所以只能将台湾这些事情暂且放下。……"

但正在困苦中的台湾的青年,却并不将中国的事情暂且放下。他们常希望中国革命的成功,……总想尽些力,于中国的现在和将来有所裨益,即使是自己还在做学生。(《而已集·写在〈劳动问题〉之前》)

总之,鲁迅的处事接物,一切都以诚爱为核心的人格的表现。他爱护青年,青年也爱护他。现值逝世十周纪念之日,全国青年,正不知若何悲痛和感念呢!大哉鲁迅!真是青年的导师。

一九四六年十月十四日

鲁迅的德行

鲁迅自己不承认是教育家或青年的导师，然而他的言满天下，尊重创造和奋斗，并且主张扩充文化，指导青年的生活，这些都是合于教育的；他的行为人范，刻苦耐劳，认真周密，赤诚爱国，情愿自作牺牲，这些又是合于教育的。正惟其自己不承认是教师，这才够得上称为真正的教师。他就学在仙台医学专校的时候，伦理学的成绩例在优等，从此可知他的涵养德性，有本有源，他的判断事物的价值，有根有据。我常常说：他不但于说明科学攻习有素，且于轨范科学如伦理学美学之类也研究极深。客观方面既说明事实的所以然，主观方面又能判断其价值的所在。以之运用于创作，每有双管齐下之妙。举例言之，他利用了医学知识写《狂人日记》，而归结于羞恶是非的判断，说"有了四千年吃人履历的我，当初虽然不知道，现在明白，难见真的人！"此非有得于伦理学的修养，明白善恶的价值判断，何能达到这种境地呢！

鲁迅作品中，未尝明言道德，而处处见其德性的流露。他的伟大，不但在创作上可以见到，即在其起居状况，琐屑言行之中，也可见得伟大的模范。现在略略的举出鲁迅的德行的特点：第一是诚爱，他的创作，即以其诚爱为核心的人格表现。例如《一件小事》(《呐喊》)，他描写车夫扶着一个车把摔倒的花白头发的女人，走向巡警分驻所去的时候，突然感到这车夫人格的伟大，说：

我这时突然感到一种异样的感觉，觉得他满身灰尘的后影，刹时高大了，而且愈走愈大，须仰视才见。而且他对于我，渐渐的又几乎变成一种威压，甚而至于要榨出皮袍下面藏着的"小"来。

……

这事到了现在，还是时时记起。我因此也时时熬了苦痛，努力的要想到我自己。几年来的文治武力，在我早如幼少时候所读过的"子曰诗云"一般，背不上半句了。独有这一件小事，却总是浮在我眼前，有时反更分明，教我惭愧，催我自新，并且增长我的勇气和希望。

第二是勤劳。鲁迅发愤写作，每每忘昼夜，忘寒暑，甚而至于忘食，民国十六年，我和他同住在中山大学中一间最中央而最高大的处所，通称"大钟楼"的时候，亲见他彻宵写作，《铸剑》一篇，便在这时修改誊正的，虽则注明"一九二六年十月作"。后来同居在白云楼的时候，也亲见"他的住室，阳光侵入到大半间，别人手上摇着扇子，尚且流汗，可是他能在两窗之间的壁下，伏案写稿，修订和重抄《小约翰》的译稿；编订《朝花夕拾》，作后记，绘插图；又编录《唐宋传奇集》"。（拙著《鲁迅的生活》）景宋有云："他不自己承认有天才，又说：'那里有天才，我是把别人喝咖啡的工夫都用在工作上的。'他实在是不断学习，不断努力。"（《(鲁迅全集)编校后记》）

第三是坚贞。鲁迅的战斗精神坚韧无比，他常常说："无论爱什么，——饭，异性，国，民族，人类等等，——只有纠缠如毒蛇，执着如怨鬼，二六时中，没有已时者有望。"（《华盖集·杂感》）又说："对于旧社会和旧势力的斗争，必须坚决，持久不断，而且注重实力。旧社会的根柢原是非常坚固的，新运动非有更大的力不能动摇它什么。并且旧社会还有它使新势力妥协的好办法，但它自己是决不妥协的。""我们急于要造出大群的新的战士，但同时，在文学战线上的人还要'韧'。所谓韧，就是不要像前清做八股文的'敲门砖'似的办法。"（《二心集·对于左翼作家联盟的意见》）鲁迅是一位为民请命，拼命硬干的人，民国十九年春，忽负密令通缉的罪名，相识的人都劝他暂避。鲁迅答道："不要紧的，如果是真的要捉，就不会下通缉令了。就是说有点讨厌，别给我开口——是那么一回事。"俯仰无怍，处之泰然。所以他的身子虽在围攻禁锢之中，而始终奋斗，决不屈服，虽则因为肺结核的病而至垂死的时候，还是不肯小休，"要赶快做"。弥留的前夕，还是握管如恒。真真实践了二十三岁所作《自题小像》的"我以我血荐轩辕"的诗句!

  第四是谦虚。鲁迅不自己承认有天才,对于自己的作品,总是"自视欿然",所以始终有进步的。举个例罢。一九二七年,瑞典人S对于中国新文学,甚感兴趣,欲托人选译鲁迅作品,送给《管理诺贝尔文学奖金委员会》,S以为极有希望的,托人征求鲁迅的同意时,他却答道不愿:

  ……请你转致半农先生,我感谢他的好意,为我,为中国。但我很抱歉,我不愿如此。

  诺贝尔赏金,梁启超自然不配,我也不配,要拿这钱,还欠努力。世界上比我好的作家何限,他们得不到。你看我译的那本《小约翰》,我那里做得出来,然而这作者就没有得到。

  ……

  我觉得中国实在还没有可得诺贝尔赏金的人,瑞典最好是不要理我们,谁也不给。倘因为黄色脸皮人,格外优待从宽,反足以长中国人的虚荣心,以为真可与别国大作家比肩了,结果将很坏。(《鲁迅书简·答台静农》)

  此外,鲁迅的节约,整洁,负责任,富友谊以及为大众服务……美德举不胜举,都足为国民的模范。景宋的《鲁迅的日常生活》《鲁迅和青年们》等等,记述得甚为详赡。足供参考。伟哉鲁迅!中华民族之魂!

一九三六年十月

鲁迅的避难生活

鲁迅一生历尽了不少的艰危，自己把整个的生命，献了出来，为我们民族的生存和进步，勇敢奋斗，至死不屈，患肺结核而至垂死的时候了，友人们劝他转地疗养，而他仍屹然不移，不肯轻易舍去。他在少年时期，就饱尝颠沛流离之苦，孑身出走，毫不自馁，于世态的炎凉，人情的淡薄，看透而又看透了。其避难情形之荦荦大者列举如下：

一　一八九三年秋，鲁迅十三岁，因家事而避难。

二　一九二六年，因三一八惨案后，张作霖入京而避难。

三　一九三〇年三月，因自由大同盟事，被通缉而离寓。

四　一九三一年一月，因柔石被捕，谣言蜂起而离寓。

五　一九三二年，因一二八战争，家陷火线中而出走。

六　一九三四年八月，因熟识者被逮，离寓避难。

一　为的祖父福清因事下狱，父伯宜又抱重病，家产骤然中落。鲁迅在《自传》中有云:"……但到我十三岁时,我家忽而遭了一场很大的变故,几乎什么也没有了;我寄住在一个亲戚家,有时还被称为乞食者。我于是决心回家……"又《呐喊·自序》有云:"有谁从小康人家而坠入困顿的么,我以为在这途路中,大概可以看见世人的真面目;我要到 N 进 K 学堂去了,仿佛是想走异路,逃异地,去寻求别样的人们。我的母亲没有法,办了八元的川资,说是由我的自便……"所谓亲戚家是指他的外家,试看他当十一二岁时,《社戏》中所描写的:跟着母亲到外家,和小朋友们一起游玩,和大自然亲近接触,有时掘蚯蚓来钓虾,坐白篷船看社戏,是何等自在,曾几何时,而竟被指为"乞食看";这对比是何等尖锐!

二 为的三一八惨案以后,有要通缉五十人的传说,我和鲁迅均列名在内。等到张作霖将入京,先头部队已抵高桥了,经老友齐寿山的怂恿,我和鲁迅及其他相识者十余人,便避入 D 医院的一间堆积房,夜间在水门汀地面上睡觉,白天用面包和罐头食品充饥。鲁迅在这样境遇中,还是写作不辍。

三和四 连年逃难,都是在春天。其实他自旅沪以来,潜心著述,杜门不出,而竟被人乘机陷害,心中孤愤,不言而喻,成诗一首如下:

惯于长夜过春时,挈妇将雏鬓有丝。
梦里依稀慈母泪,城头变幻大王旗。

鲁迅的避难生活

忍看朋辈成新鬼，怒向刀丛觅小诗。

吟罢低眉无写处，月光如水照缁衣。

诗中"刀丛"二字，他后来写给我的是作"刀边"。全首真切哀痛，为人们所传诵，郭沫若先生在抗战那年归国赋投笔诗，不是纯用这首的原韵吗？

又鲁迅于书简中，也是感怆交并，有云：

上月中旬，此间捕青年数十人，其中之一，是我学生（或云有一人自言姓鲁）。飞短流长之徒，因盛传我已被捕。通讯社员发电全国，小报记者盛造谰言，或载我之罪状，或叙我之住址，意在讽喻当局，加以搜捕。其实我之伏处牖下，一无所图，彼辈亦不知，而沪上人心，往往幸灾乐祸。冀人之危，以为谈助。（《鲁迅书简》一五页，致李秉中信）

鲁迅给我报告无恙的书信，体裁和平常不同，不施句读，避用真名，且以换住医院来代出走字样。兹录如下：

季黻吾兄左右昨至宝隆医院看索士兄病则已不在院中据云大约改入别一病院而不知其名拟访其弟询之当知详细但尚未暇也近日浙江亲友有传其病笃或已死者恐即因出院之故恐兄亦闻此讹言为之黯然故特此奉白此布即请

道安

弟令斐顿首
一月二十一日

　　五　一二八战事既起，我念鲁迅寓所正在火线之中，乔峰也复如此，既无法写信去问，来信又久待不至，不得已电讯陈子英，子英即登报招寻，鲁迅知道了，立刻发信给我如下：

季巿兄：

　　因昨闻子英登报招寻，访之，始知兄曾电讯下落。此次事变，殊出意料之外，以致突陷火线中，血刃塞途，飞丸入室，真有命在旦夕之概。于二月六日，始得由内山君设法，携妇孺走入英租界，书物虽一无取携，而大小幸无恙，可以告慰也。现暂寓其店中，亦非久计，但尚未定迁至何处。倘赐信，可由"四马路杏花楼下，北新书局转"耳。此颂

　　曼福。

弟树顿首　二月二十二日

　　我又挂念他脱离虎口以后，寓屋和书物，已否毁为焦土，此后行踪如何，他均有复音，详叙流徙中及迂回后的情形。其中三封已录入拙著《亡友鲁迅印象记》第二十二章，兹不赘。此外尚有数封，述劫后的情形及其他，特摘录两封如下：

鲁迅的避难生活

（一）

季茀兄：

久未通启，想一切尚佳胜耶？乔峰事迄今无复文，但今兹书馆与工员，争持正烈，实亦难于措手，拟俟馆方善后事宜办竣以后，再一托蔡公耳。

此间商民，又复悄然归来，盖英法租界中，仍亦难以生活。以此四近又渐热闹，五月以来，已可得申报及鲜牛奶。仆初以为恢复旧状，至少一年，由今观之，则无需矣。

我景状如常，妇孺亦安善，北新书局仍每月以版税少许见付，故生活尚可支持，希释念。此数月来，日本忽颇译我之小说，友人至有函邀至彼卖文为活者，然此究非长策，故已辞之矣，而今而后颇欲草中国文学史也。专布。并颂

曼福。

弟树启上　五月十四夜

（二）

季茀兄：

上午得七月卅日快信，俱悉种种，乔峰事蒙如此郑重保证，不胜感荷。其实此君虽颇经艰辛，而仍不更事，例如与同事谈，时作愤慨之语，而听者遂掩其本身不平之语，但掇彼语以上闻，藉作取媚之资矣。顷已施以忠告，冀其一心于馁，三缄厥口，此后庶免于咎戾也。

王公胆怯，不特可哂，且亦可怜，忆自去秋以来，众论哗然，而商务馆刊物，不敢有抗日字样，关于此事之文章，东方杂志只作一附录，不订入书中，使成若即若离之状。但日本不察，盖仍以商务馆为排日之大本营，馆屋早遭炸焚，王公之邸宅，亦沦为妓馆，迄今门首尚有红灯赫耀，每于夜间散步过之，辄为之慨焉兴叹，倘其三闾大夫欤，必将大作离骚，而王公则豪兴而小心如故，此一节，仍亦甚可佩服也。

近日刊物上，常见有署名"建人"之文字，不知所说云何，而且称此名者，似不只一人，此皆非乔峰所作，顾亦不能一一登报更正，反致自扰也。但于便中，希向蔡先生一提，或乞转告灵五，以免误会为幸。原笺附还。此复即颂

曼福。

弟树上　八月一日夜

蔡先生不知现寓何处，乞示知，拟自去向他一谢。<u>同夜又及。</u>

六　从略

综观历次避难，只不过离寓若干步而已，大约为的经费拮据的关系，虽经友人多方劝告，总不能远游或出国。他自谓"时亦有意，去此危邦，而眷念旧乡，仍不能绝裾径去，野人怀土，小草恋山，亦可哀也。"(《鲁迅书简》一六页，致李秉中信)《离骚》有云："曰'勉远逝而无狐疑兮，孰求美而释女！何所独无芳草兮，尔何怀乎故宇！'"又云："陟升皇之赫戏兮，忽临睨夫

旧乡，仆夫悲余马怀兮，蜷局顾而不行。"鲁迅的境遇和三闾大夫何其相像呢！

一九四七年七月二十八日

鲁迅的游戏文章

和鲁迅相处,听其谈吐,使人得一种愉快的经验,可以终日没有倦容。因为他的胸怀洒落,极像光风霁月,他的器度,又"汪汪若千顷之波,澄之不清,挠之不浊,不可量也"。他有时也说笑话,可以见其观察的锐敏,机智的丰饶,然而态度总是严正,发人猛省的。谈话如此,做起文章来也如此。偶尔弄点游戏笔墨,似乎是随便胡诌,其实含义还是一本正经,也足以发人猛省的。即使片言只语也弥足宝贵,现在分书信,诗词,杂文三方面,各举几个例子如下。

先说书信方面:鲁迅一九〇四年,往仙台进了医学专门学校,有一次来信给我,大意说气候较寒,每日借入浴取暖,仙台的浴池,男女之分,只隔着一道矮矮的板壁,同学们每每边唱边洗,有的人乃踏上小杌子,窥望邻室。信中有两句,至今我还记得的:"同学阳狂,或登高而窥裸女。"自注云:"昨夜读《天演论》,故有此神来之笔。"对于严复译文的声调铿锵,开个玩笑。

一九〇八年，鲁迅在东京有给同乡友人邵铭之讨债的一封长信，写得骈四俪六，很有趣的。铭之名文熔，人极诚笃，自费到东京来留学，先入清华预备学校，学习日语，后往札幌工业专门学校读土木工程。因为清华学校里有中国厨子，他常备中国菜以饷我们，我们本来吃厌了日本料理，一旦遇到盛馔，自然像秋风吹落叶，一扫而空了。他无意地说出我料得你们馋如饿鬼，幸而藏起了一碗……。我们听了，立即把它搜出，又吃个精光。他身材高大而肥硕，裤脚管特别做得胖大，宛然像一对昔时迎娶花轿前面的仪仗裤脚灯笼，摇摇晃晃的。又因为测量实习，工程实习的关系，常常告诉我们他又须"出张"了。鲁迅的信中有云："试开'押入'，剩一碗之烹鸡，爱道'出张'，着双灯之胖裤。……近者鉴湖蔡子，已到青山，诸暨何公，亦来赤阪，信人材之大盛，叹吾道之何穷，……仰乞鸿恩，聊拯蚁命……"其余佳句尚多，可惜我统统忘却了。信中"押入"是日本的壁橱，"出张"是出差之意，青山和赤阪都是东京的地名。铭之收到这信，不免啼笑皆非，曾经当面称他的言论是"毒奇"。这次回信很客气，但说不日即归还，鲁迅看了说："铭之怒了。"

又如一封给景宋的信（《鲁迅书简》卷首及二〇一页），文曰：

景宋"女士"学席程门
飞雪贻误多时愧循循之无方幸

鲁 迅 传

骏才之易教而乃年届结束南北东西虽尺素之能通或下问之不易言念及此不禁泪下四条吾

生倘能赦兹愚劣使师得备薄馔于月十六日午十二时假宫门口西三条胡同二十一号

周宅一叙俾罄愚诚不胜厚幸顺颂

时绥

师鲁迅谨订　八月十五日早

文中"四条"一词,景宋有附记说明:"乃鲁迅先生爱用以奚落女人的哭泣,两条眼泪,两条鼻涕,故云。有时简直呼之曰:四条胡同,使我们常常因之大窘。"文中还有"飞雪"一词,虽对原信"立雪"而言,但我想"飞"字还另有来历的。自从景宋等六人,因女师大风潮,被杨荫榆校长开除,布告上称为"害群之马"。后来,对于景宋直称曰"害马飞来了"。这害马之名,不但鲁迅公开的说,而且景宋也自己承认,所以她给鲁迅的书信署名是"你的H. M."(见《两地书》)H. M. 即害马拼声的缩写。我想这信中的"飞"字是这样来的。

次说鲁迅的诗词,例如:《我的失恋》四首(《野草》),第一首中间有云:

爱人赠我百蝶巾;

回她什么:猫头鹰。

第二首中间为：

> 爱人赠我双燕力；
> 回她什么：冰糖壶卢。

第三首中间为：

> 爱人赠我金表索；
> 回她什么：发汗药。

第四首则是：

> 爱人赠我玫瑰花；
> 回她什么：赤练蛇。
> 从此翻脸不理我，
> 不知何故兮——由她去罢。

这诗挖苦当时那些"阿唷！我活不了罗，失了主宰了"之类的失恋诗盛行，故意做一首"由她去罢"收场的东西，开开玩笑。他自己标明为"拟古的新打油诗"，阅读者多以为信口胡诌，觉得有趣而已，殊不知猫头鹰本是他自己所钟爱的，冰糖壶卢是爱吃的，发汗药是常用的，赤练蛇也是爱看的。还是一本正经，没有什么做作。

又如一九三二年所作《教授杂咏》四首（是鲁迅写给我看的，《集外集拾遗》内只载三首，没有第四首），录于下：

其一
作法不自毙，悠然过四十。
何妨赌肥头，抵当辩证法。

其二
可怜织女星，化为马郎妇。
乌鹊疑不来，迢迢牛奶路。

其三
世界有文学，少女多丰臀。
鸡汤代猪肉，北新遂掩门。

其四
名人选小说，入线云有限。
虽有望远镜，无奈近视眼。

第一首是咏玄同，第二首咏赵景深，第三首咏衣萍，第四首咏六逸。

又如一九三三年《剥崔颢〈黄鹤楼〉诗》（《伪自由书·崇实》）曰：

鲁迅的游戏文章

阔人已骑文化去,此地空余文化城。
文化一去不复返,古城千载冷清清。
专车队队前门站,晦气重重大学生。
日薄榆关何处抗,烟花场上没人惊。

这对于当时北平的迁移古物和不准大学生逃难,有所指责,貌虽近乎游戏,而中间实含无限嗟叹!

又如一九三四年所作《报载患脑炎戏作》:

横眉岂夺蛾眉冶,不料仍违众女心。
诅咒而今翻异样,无如臣脑故如冰。

诗中"蛾眉""众女"都出于《离骚》,可见鲁迅对此书之熟,解放诗韵,蒸侵同叶,可谓革新,也可谓复古,因为周秦古籍中早有这种合韵了。

最后说到鲁迅的散文,涉于游戏的地方更多,聊举二事,以见一斑:(一)《我来说"持中"的真相》(《集外集》)说:

风闻有我的老同学玄同其人者,往往背地里褒贬我,褒固无妨,而又有贬,则岂不可气呢?今天寻出漏洞,虽然与我无干,但也就来回敬一箭罢:报仇雪恨,《春秋》之义也。

他在《语丝》第二期上说,有某人挖苦叶名琛的对联"不战,不和,不守;不死,不降,不走。"大概可以作为中国人"持中"的真相之说明。我以为这是不对的。

因为鲁迅说中国人的"持中"的态度是"骑墙",或是极巧妙的"随风倒",所以他继续说道:

……倘改篡了旧对联来说明,就该是:
"似战,似和,似守;
似死,似降,似走。"
于是玄同即应据精神文明法律第九万三千八百九十四条,治以"误解真相,惑世诬民"之罪了。但因为文中用有"大概"二字,可以酌给末减:这两个字是我也很喜欢用的。

这是又一次对玄同开玩笑了。(二)是《补救世道文件四种》之丁,抄书太烦,摘录几句如下:

……礼乐偕辫发以同隳,情性与缠足而俱放;ABCD,盛读于黉中,之乎者也,渐消于笔下。以致"人心败坏,道德沦亡"。诚当棘地之秋,宁置"杞天之虑"?所幸存寓公于租界,传圣道于洋场,无待乘桴,居然为铎。从此老喉嘹亮,吟关关之雎鸠,吉士骈阗,若浩浩乎河水。

这篇描孔子之徒的怪现象，可谓透辟，也是他一贯的主张和作风。文笔和上面所引给邵铭之信相类，读者自能辨之。

一九四七年九月三十日

鲁迅的人格和思想

鲁迅是青年的导师，他的书不但为现代这一代的青年们所爱读，我相信也将为第二代第三代……青年们所爱读。鲁迅又是民族的文化斗士，他暴露了民族性的缺点，揭发了历史上的暗黑，为大众人民开光明自由之路，独自个首先冲锋突击。鲁迅又是世界的文化斗士，他的书已经为世界第一流文学家们所推许，例如法国罗曼·罗兰见了《阿Q正传》便称赞道："这是世界的。里面许多讥讽语言，我永远也不会忘记阿Q那副忧愁的面孔。"他的书国际间这样驰名，苏联的翻译尤其盛行，单是《阿Q正传》便有好几种译本。日本也盛行，在鲁迅逝世后不到半年，就出版了《大鲁迅全集》七大册。日本作家中间有些人本来是器小自慢的，独对于鲁迅作品的伟大，居然俯首承认，说是在他们中竟没有一个人可以匹敌的。依佐藤春夫氏所说，鲁迅占有以下四个作家的优点，可以列为算式如下：

鲁迅＝长谷川＋二叶亭＋森鸥外＋幸田露伴。依郁达夫氏所说，则为：

鲁迅＝森鸥外＋长谷川＋二叶亭＋夏目漱石、小田岳夫氏推尊鲁迅尤至。……

鲁迅的作品这样伟大，其原因何在？我敢说，这是由于他的人格的伟大。说到他的人格，我们就得首先注意于各方面：他的学问的幅员是极其广博的，不但于说明科学研究有素，于规范科学也涵养甚深，他学医的时候，伦理学的成绩有八十三分。他的日常生活是朴素的，始终维持着学生时代的生活。他的政治识见是特别优越，欧美政治家多不能与之相比，因为他观察社会实在来得深刻。他的体力又是很强壮的。有人或许要问，他体力强壮，何以会患肺结核而死呢？这是因为经济的压迫，环境的艰困，工作的繁重，助人的慷慨，弄得积劳过度的缘故。他病重的时候，史沫特莱女士带了在上海唯一的西洋肺病专家 D 医师去诊，他称赞鲁迅是最能够抵抗疾病的典型的中国人，但宣告已经无希望，这要是在欧洲人，那早在五年以前死亡的了。因之，鲁迅没有请他开方，因为想他的医学从欧洲学来，一定没有学给死了五年的病人开方的法子。即此一端，便可证明鲁迅的体力之强。

现在说到他的人格的伟大和圣洁，可以从种种方面来看：

一是真诚。鲁迅无论在求学，在做事，或在写文章，都是处处认真，字字忠实，不肯有丝毫的苟且，不肯有一点马马虎虎，所以他说："我的确时时解剖别人，然而更多的是更无情面地解剖我自己，……"（《坟·写在〈坟〉后面》）他痛恨"中国人的不敢正视各方面，用瞒和骗，造出奇妙的逃路来，而自以为正路。在这路上，就证明着国民性的怯弱，懒惰，而又巧滑。一天一天的满足着，即一天一天的堕落着，……"（《坟·论睁了眼看》）这个真诚，是他的人格的核心之一，也就是作品所以深刻的原因之一。

二是挚爱。鲁迅最富于情爱。他对于祖国对于民族的挚爱，是跟着研究人性和国民性问题的深切而越加热烈，可是他的观察和抉发病根却越来越冷峭，"这好比一个医道高明的医师，遇到了平生最亲爱的人，患着极度危险的痼疾，当仁不让，见义勇为，一心要把他治好。试问这个医师在这时候，是否极度冷静地诊察，还是蹦蹦跳跳，叫嚣不止呢？"（拙著《鲁迅的生活》）他对于友人，尤其对于青年，爱护无所不至，不但是物质上多所资助，便是精神上也肯拼命服务，替他们看稿，改稿，介绍稿子，校对稿子，希望能出几个有用人才。他说：

……我在过去的近十年中，费去的力气实在也并不少，即使校对别人的译著，也真是一个字一个字的看下去，决不肯随便放过，敷衍作者和读者的，并且毫不怀着有所利用的意思。（《三闲集·鲁迅译著书目》）

鲁迅这样替人用力确乎不虚，因此成名的颇不乏人，固然也有吃力不讨好的，或是受骗的，鲁迅却泰然说道："我不能因为一个人做了贼，就疑心一切的人。"这是多么伟大！这个挚爱是他人格的核心，也就是作品所以伟大的原因。

三是坚贞。鲁迅要想造出大群的新的战士，在文学战线上的必须"韧"，他自己便是一个"韧"战的模范。他是一位为民请命，拼命硬干的人，一九三〇年春，忽负密令通缉的罪名，相识的人都劝他暂避，而鲁迅处之泰然，有云："……故且深自韬晦，冀延余年，倘举朝文武，仍不相容，会当相偕以泛海，或相率而授命耳。"（《鲁迅书简》：复李秉中函）他虽身在围攻禁锢之中，毫无畏缩，而坚韧奋斗，始终不屈。他的上海寓屋是在越界筑路的北四川路，即那时所谓"半租界"。所以他的最后的杂文集，题名曰《且介亭杂文》，且介者，租界两字之各半也。他虽因肺结核而至垂死的时候，还是不肯小休，不肯出国去作转地疗养，"要赶快做"。弥留的前夕，还是握管如恒。这种为民族，为后代的自我牺牲精神，真是实践了他自己的诗句"俯首甘为孺子牛"，我们只有俯首佩服！

四是勤劳。鲁迅发愤著译的时候，我亲眼看见他每每忘昼夜，忘寒暑，甚而至于忘食。景宋在《〈死魂灵〉附记》中，有着两段的话：

我从《死魂灵》想起他艰苦的工作：全桌面铺满了书本，专诚而又认真地，沈湛于中的，一心致志的在翻译。有时因了原本字汇的丰美，在中国的方块字里面，找不出适当的句子来，其窘迫于产生的情况，真不下于科学者的发明。

当《死魂灵》第二部第三章翻译完了时，正是一九三六年的五月十五日。其始先生熬住了身体的虚弱，一直支撑着做工。等到翻译得以告一段落了的晚上，他抱着做下了一件如心的事之后似的，轻松地叹一口气说：休息一下罢！不过觉得人不大好。我就劝告他早些医治，后来竟病倒了。（见《鲁迅全集》第二十卷，六○五、六○六页）

鲁迅工作的认真，刻苦，从来不肯丝毫偷懒。他译《死魂灵》第二部第三章中有一句"近乎刚刚出浴的眉提希的威奴斯的位置"，注云："威奴斯是罗马神话上的美和爱欲的女神，至今还存留着当时的好几种雕像。'眉提希的威奴斯'（Venus de Medici）为克莱阿美纳斯（Cleomenes）所雕刻，一手当胸，一手置胸腹之间。"鲁迅为了要说明这姿势，曾费了很多的金钱和力气，才得查明。曹靖华的《从翻译工作看鲁迅先生》文中有云：

……他知道眉提希的威奴斯，为克莱阿美纳斯所雕刻，但他没有见过雕刻的图像，不知出浴者的姿势，于是东翻西查，却偏觅不得，又买了日本新出的《美术百科全书》来查，依然没有，后来花了更多的力气，才查到注明出来。

此外，鲁迅的谦逊，节约，整洁，负责任，富友谊，以及为大众为儿童服务等等，都证明着他的人格的伟大，够得上做国民的模范。

至于鲁迅的思想，其本质是人道主义，其方法是战斗的现实主义。他生在国家民族最困厄的时代，内在者重重腐朽，外来者着着侵凌，他的敌忾心发为怒吼，来和那封建势力及帝国主义相搏斗，三十年如一日，全集二十大册，都是战斗精神的业绩。生平所最努力追求阐扬者，在"最理想的人性"，所以对于一切摧残或毒害"最理想的人性"的发展者——一切片面的不合理的制度文物莫不施以猛烈的无情的抨击。《狂人日记》中，首先提出"吃人"的礼教，来揭示其新的人生观和社会观（参阅茅盾著《最理想的人性》）。

鲁迅的思想，虽跟着时代的迁移，大有进展，由进化论而至唯物论，由个人主义而至集体主义，但有为其一贯的线索者在，这就是战斗的现实主义。其思想方法，不是从抽象的理论出发，而是从具体的事实出发的，在现实生活中得其结论。他目睹了父亲重病，服了种种奇特的汤药而终于死掉，便悟到中医的骗人；目睹了身体茁壮而神情麻木的中国人，将要被日军斩首示众，觉得人们的愚昧，无药可医，乃毅然弃医而习文艺；鉴于两个小白兔的失踪，生物史上不着一点痕迹，便感到生命的成就和毁坏实在太滥（《呐喊·兔和猫》）；鉴于人力车夫扶助一个老女人，及其自我牺牲的精神，便悟到人类之有希望（《呐喊·一件小事》);鉴于汉字学习的艰难,全国文盲多的可怕,便大声疾呼地说:汉字和大众势不两立,必须改造,用新文字;看穿了孔教的专为统治者们和侵略者们所利用,而毅然说现在中国人民,对于孔子并无关系,并不亲密。

因之,鲁迅的著作中,充满着战斗精神,创造精神,以及为劳苦大众请命的精神。

先说他的战斗精神。上面已经略略提过,因为他对于事物,是非分明,爱憎彻底,发为战斗,所向披靡。常说文人,"不但要以热烈的憎,向'异己'者进攻,还得以热烈的憎,向'死的说教者'抗战。在现在这'可怜'的时代,能杀才能生,能憎才能爱,能生与爱,才能文。"(《且介亭杂文二集·七论"文人相轻"——两伤》)如果要举例,如《故事新编·铸剑》《野草·这样的战士》便是。

次说创造精神。创造精神是美的,战斗精神是力的,这二者互相关联;美者必有力,力者必有美。所以上面所举的《铸剑》《这样的战士》,也就是壮美的代表。鲁迅是诗人,他的著作都充满着美的创造精神,散文诗《野草》不待说,就是其余也篇篇皆诗,尤其是短评,不但体裁风格,变化无穷,内容又无不精练而锋利,深刻而明快,匕首似的刺入深际,又快镜似的反映社会政治的日常事变,使它毫无遁形,这些都是绝好的诗。有人说鲁迅没有长篇小说是件憾事,其实他是有三篇腹稿的,其中一篇是《杨贵妃》。他对于唐明皇和杨贵妃的性格,对于盛唐的时代背景,以及宫室服饰,用具等等,统统考证研究得很详细。他的写法,曾经说给我听过,系起于明皇被刺的一刹那间,从此倒回上去,把他的生平一幕一幕似的映出来。他说明皇和贵妃两人间的爱情早已衰歇了,不然何以会有七夕夜半,两人密誓愿世世为夫妇的情形呢?在爱情浓烈的时候,那里会想到来世呢?他的知人论世,总是比别人深刻一层。这些腹稿,终于因为国难的严重,政治的腐败,生活的不安定,没有余暇把它写出,转而至于写那些匕首似的短评了。

最后说到为劳苦大众请命的精神。鲁迅在《我怎么做起小说来》文中说:"所以我的取材,多采自病态社会的不幸的人们中,意思是在揭出病苦,引起疗救的注意。"又在《英译本〈短篇小说选集〉自序》文中说:"使我能够间或和许多农民相亲近,逐渐知道他们是毕生受着压迫,很多苦痛……后来我看到一些外国的小说,尤其是俄国,波兰和巴尔干诸小国的,才明白了世界上也有这许多和我们的劳苦大众同一命运的人,而有些作家正在为此而呼号,而战斗。而历来所见的农村之类的景况,也更加分明地再现于我的眼前。偶然得到一个可写文章的机会,我便将所谓上流社会的堕落和下层社会的不幸,陆续用短篇小说的形式发表出来了。"鲁迅这些自述,完全真确,《阿Q正传》便是一个代表作。他映写了辛亥革命前夜的时代背景,农村的破产,失业,饥饿,榨取者和被榨取者的斗争,土豪劣绅对于革命的厌恶,贪官污吏对于革命的投机,以及阿Q及周围的人民对于革命的憧憬和模糊的认识，再穿插着革命的不彻底及其妥协精神，封建社会的崩溃。总之把所谓上流社会的堕落和下层社会的不幸，完全发表出来了，宜乎识者看了这篇写实作品，认为世界的了。

以上略述鲁迅的著作。

我们中华民族是伟大的。出了鲁迅这样有伟大人格和伟大思想的人物，足够增长我们民族的自信力了。我们要学习鲁迅！我们要学习鲁迅！

一九四六年十月二十九日

《民元前的鲁迅先生》序

　　鲁迅一生功业的建立虽在民元以后，而它的发源却都在民元以前。他深切地知道革命无需革心，医精神更重于医身体，所以毅然决然舍弃医学而研究文艺了。他曾在《浙江潮》和《河南》两种杂志上撰文，又翻译《域外小说集》，都是着重在精神革命这一点。他之所以受业于章师太炎先生，也因为他是革命的学者，"以为先生的业绩，留在革命史上的，实在比在学术史上还要大。"(《且介亭杂文末编·关于太炎先生二三事》) 鲁迅后半生的成就，可以说，早在他的少作"我以我血荐轩辕"诗句中透露消息了。王冶秋先生注意及此，特地搜罗民元前鲁迅的事迹，并且井井有条地编述这一本书，使我读了不禁回想起他的轶事来了。

　　鲁迅的海外八年和杭州教书一年，我几乎是晨夕相见的。就是中间他去仙台学医了，每逢寒假春假和暑假也必回到东京和我同住在一个旅馆。至于他的童年和在矿路学堂的一段，可惜我知道的太少——所知道的已经发表过了，无须乎再说。正在踌躇中，忽然久违的老友张燮和——鲁迅矿路学堂的同学，同被派往日本留学的，远道来山见访了。机会难得，几句寒暄之后，我便立刻探询鲁迅在南京时的轶事——

"没有。"他想了一想，答道。

"我从前由你这里知道他那时爱看小说，好骑马，不喜交际，学业成绩优异，……此外可能还有什么？"

他又想了一想，仍旧说道："没有。"

于是我们只好谈别的事情了。但是几句之后，我又转到了鲁迅的绘图和抄书。

"抄书是大家听讲时的本分，"他说，"因为教师把整本的书写在黑板上，教我们抄录。中间还有插图。不过鲁迅是年龄最小，抄得最快罢了。"

我听了"年龄最小"这句话便认为一种新发现，连忙追问他："他在你们一班中，年龄最小吗？全班共有若干人？"

"是的，全班二十几个人，他最小，可是他的绘图迅速而又好。我们常常因为赶不及，下课后便托他代为补绘。他每逢考试，从不曾温习功课，但总是完卷最早，成绩揭晓时，名次也总是最高，什九是第一，难得有一回第二。某一回，我得了第一，他第二，他便带愤带笑地说：'我下回必须把你打下去！'"

"他爱看小说，可有钱来买小说吗？"

"啊！我记起一件事了：我们每次考课都有奖金的。国文每周一次，其他小考每月一次，优者都给以三等银质奖章。依章程：凡四个三等章准许换一个二等的，又几个二等的换一个头等的，又几个头等的换一个金的。全班中，得过这种金质奖章的惟有鲁迅一个人。他得到之后，就变卖了，于是买书籍，买点心，请大家大嚼一通。"

这是我最近晤见燮和的大收获。鲁迅天资之明敏，工作之认真，当学校生活开始之初，可见已经出人头地了；所以后来在革命文艺的创作上和翻译上能够有那么大的贡献。

现在说点他在日本的轶事罢。有一次，从仙台回东京，为的要去瞻仰明末大儒朱舜水的遗迹，忽然中途在水户下车了。朱舜水反抗满清，百折不挠，"自誓非中国恢复不归"，以致终老异域，鲁迅一向崇拜他的人格，所以亟亟乎去凭吊。下车在夜里，当然要投旅店，他进去时，店主看作他是日本学生，便领到一间极平常的房间。照例要写履历，他写道："周树人……支那。"——那时，日本称中国人曰清国人，我们却不愿自称清国，又不便称中国，因为日本也称山阳为中国，所以写作支那。那知道这么一来，店主和主妇都大起忙头了。以为有眼不识泰山，太简慢了贵客，赶紧来谢罪，请他升到大房间里去。他心里并不愿更换. 只因为店主的盛意殷勤，不好意思坚却，也就同着去。那是一间陈设很讲究的房子，华贵的寝具都是绸的新制。他把这一夜的经过情形，曾经详细对我说过——

"我睡下之后，暗想明天付账，囊中的钱不够了，预备一早就打电报给你，请电汇一点款子，以救'眉急'。如此决定，也就安心了。不料刚要睡熟，忽听见外面有声，报告邻居失火。我急忙穿衣逃出，一钱不花，还被店主派人领送到另一家旅店去。此番，我就首先声明，只要普通房间。夜已深了，赶快就寝，万不料朦胧中，外面又嚷着'火事，火事'了。

"啊呀，你好像是'火老鸦'了！倒不是仅烧了眉毛。"我笑着说。

"可不是吗。我马上爬起来，出去一望，知道距离尚远，这回也就不去管它了。……"他也笑着说。

他经过这夜的纷扰，终于访了舜水的遗迹而回。他对于民族之坚贞，所以后来能够成为我们民族革命中最杰出的战士。

鲁迅是常识丰富，趣味多方面的人，因之研治科学也能够深入，尤其对于生物学，植物学，动物学等。他生平极少游玩，对于东京上野的樱花，泷川的红叶，或杭州西湖的风景，倒并不热心嘉赏。在杭州教书一年，真真的游湖只有一次，还是因为我作东道，宴新亲，请他作陪的。酒席撤去后，照例吃茶食，大家都说饭后不吃，吃亦很少。惟独他和我两个人吃之不已，大为客人所惊服。我笑着说："刚才不看见那'南岳西泠大地茅庐两个'吗？"这句子出于三潭印月彭玉麐的祠堂楹联中的，引来聊以解嘲。鲁迅从小就爱看陈淏子的《花镜》，陆玑的《毛诗草木鸟兽虫鱼疏》，晚年所著《朝花夕拾》里，还特别提起那爱种花木的远房的叔祖。又早年所作《莳花杂志》有云：

《民元前的鲁迅先生》序

晚香玉本名土秘螺斯,出塞外。叶阔似吉祥草。花生穗间,每穗四五球,每球四五朵,色白,至夜尤香,形如喇叭,长寸余,瓣五六七不等,都中最盛。昔圣祖仁皇帝因其名俗,改赐今名。

里低母斯,苔类也,取其汁为水,可染蓝色纸,遇酸水则变为红,遇硷水又复为蓝。其色变换不定,西人每以之试验化学。

他在杭州时,星期日喜欢和同事出去采集植物标本,徘徊于吴山圣水之间,不是为游赏而是为科学研究。每次看他满载而归,接着做整理,压平,张贴,标名等等工作,乐此不疲,弄得房间里堆积如丘,琳琅满目。

鲁迅是革命的文学家,是民族革命的战士,而且也是个科学家,这伟大天才的荣华,在民元前已经含苞待放了。

以上拉杂写来,无非几件轶事,就算作一篇"序言"罢。

一九四二年四月十四日

《鲁迅旧体诗集》序

鲁迅先生逝世之次年春，魏建功先生愿手写遗诗以备木刻，余因函托景宋夫人搜集。旋得复书，附来手抄一卷，皆日记中所载及拙著《怀旧》文中所引者，约计四十首，余即转致建功矣。景宋复书有云："迅师于古诗文，虽工而不喜作。偶有所作，系应友朋要请，或抒一时性情，随书随弃，不自爱惜，生尝以珍藏请，辄遭哂笑。"斯言诚确。鲁迅之旧诗，多半为有索书者而作，例如《自嘲》一首是书贻柳亚子先生者，《所闻》一首书贻内山夫人者，《亥年残秋偶作》书贻余者，又诗集第一首《自题小像》，亦赠余者。诗虽不多，然其意境声调，俱极深闳，称心而言，别具风格。

鲁迅旧诗之特色，约略举之，可得数端：（一）使用口语，极其自然，例如《剥崔颢〈黄鹤楼〉诗》之"阔人""专车""前门站""晦气重重"，《古董》诗之"头儿""面子"，《二十二年元旦》诗之"到底""租界""打牌"，《自嘲》诗之"碰头""管它"

等皆是。（二）解放诗韵，不受拘束，例如《赠邬其山》（案邬其山即内山完造）之华书多陀为韵，《报载患脑炎戏作》之心冰为韵，盖依古时歌麻合韵，麻龟通韵而作律诗，可称奇特。至蒸侵通用，亦可谓"古已有之"，《诗·大雅·大明》七章，即以林兴合韵者。（三）采取异域典故，例如《自题小像》之"神矢"，想系借用罗马神话库必特（Cupid）爱矢之故事，亦犹骈体文中"思士陵天，骄阳毁其羽翩"（《集外集·〈淑姿的信〉序》）乃引用希腊神话伊凯鲁斯（Icarus）冒险失败之故事也。（四）讽刺文坛阙失，例如《教授杂咏》第二首之"乌鹊疑不来，迢迢牛奶路"，是指斥英文天河（Milky way）译为牛奶路之错误。《新秋》诗两句"野菊性官下，鸣蛩在悬肘"，此由其自己新诗："野菊的生殖器下面，蟋蟀在吊膀子。"自己翻译而得者，一面嘲文人悲秋之为无病呻吟，一面刺古雅文言之实在难以索解。其他优点尚多，兹不备述。

自余以景宋钞本转致建功后，不数月而抗日军兴，友朋四散，建功亦奔走南北，不遑宁居，其手书木刻尚未出版。今得非杞先生广事搜集，用力至勤，共计五十有二首，付之活字，凡爱读鲁迅诗者固以先睹为快者也。

一九四四年五四纪念日

《鲁迅旧体诗集》跋

非杞先生编集亡友鲁迅先生旧诗，用力甚勤，共得五十二首付之活字行世，属序于余，余即为之序矣。今请尹默先生手书一卷，以为珍藏，复属为跋，亦何敢辞，序跋二文，详略互见，语有重复，则不及计也。

鲁迅是诗人，不但所著散文诗《野草》内含哲理，用意深邃，幽默与讽刺随处可见，即其短评集十余册，亦几乎篇篇是诗，短兵相接，毫无铺排，而且中有我在。至于旧诗，乃其余事，偶尔为之，不自爱惜，然其意境声调，无不讲究，称心而言，别具风格，余在序文中，举其特色为：一使用口语，二解放诗韵，三采取异域典故，四讽刺文坛阙失。诗钞第一首《自题小像》是其二十三岁时赠余者。其逝世后，拙作《怀旧》文中首先予以发表，首句之神矢，盖借用罗马神话爱神之故事，即异域典故。全首写留学异邦所受刺激之深，遥望故国风雨飘摇之感，以及同胞如醉，不胜寂寞之感，末句则直抒怀抱，是其毕生实践之

《鲁迅旧体诗集》跋

誓言。至于最末一首《亥年残秋偶作》系为余索书而书者，余亦在《怀旧》中首先发表。此诗哀民生之憔悴，状心事之浩茫，感慨百端，俯视一切，栖身无地，苦斗益坚，于悲凉孤寂中，寓熹微之希望焉。

据上所陈，此卷遗诗，其首尾两首皆与余有关系。呜呼！追念昔游，犹在心目，而风流顿尽，曷胜泫然！

一九四四年五四纪念日许寿裳敬题。

《鲁迅的思想与生活》自序

　　我和鲁迅生平有三十五年的友谊，"同声相应，同气相求"，在东京订交的时候，便有缟带纻衣之情，从此互相关怀，不异于骨肉。他在我的印象中，最初的而且至今还历历如在目前的，乃是四十余年前，他剪掉辫子后的喜悦的表情；最后的而且永远引起我的悲痛的，乃是十年前，他去世两个月前，依依惜别之情。时为七月二十七日，他大病初愈，身体虽瘦，精神已健，我们二人长谈一日，他以凯绥·珂勒惠支的《版画选集》题词赠我，词曰："印造此书，自去年至今年，自病前至病后，手自经营，才得成就，持赠季茀一册，以为纪念耳。"晚上告别时，他还问我几时再回南，并且下楼送我上车。这次下楼送我在本年还是第一次，因为前几次他都卧病在床，不能下楼，那里料得这一次的门前话别，便是我们的永诀呀！

　　三十五年之间，有二十年是晨夕相见的。每次相见，他总是名言百出，机智疾流，使我得一种愉快的经验，恍如坐在春风之

《鲁迅的思想与生活》自序

中。这种愉快的经验，追忆起来，实在是举不胜举。现在只就对于我个人方面的事实，略举数端：一九一四年，我的长儿世瑛年五岁，我便依照吾越的乡风，敦请鲁迅做开蒙先生。他只给瑛儿认识两上方块字：一个是"天"字，一个是"人"字。这天人两个字的含义实在来得广，世上一切现象（自然和人文），一切道德（天道和人道），可说包括无遗了。又鲁迅最怕酬应，大抵可辞则辞，独对于我长女世瑄的结婚那天，即一九三五年七月，居然偕景宋挈海婴惠临，而且到得很早。后来才知道他为我曾费去了很多的光阴，说"月初因为见了几回一个老朋友，又出席于他女儿的结婚，把译作搁起来了，后来须赶译，所以弄得没有工夫"（《鲁迅书简》第八一八页）。我对于他的光临，觉得非常荣幸，对于耗损了他的宝贵的光阴，又觉得非常抱歉！其它散见于拙著《亡友鲁迅印象记》中的甚多，概从略。

鲁迅之丧，我在北平，不能像汉朝范式的素车白马，不远千里地奔张劭之丧，一直迟到寒假，才得回南，至上海万国公墓中鲁迅墓地，献花圈以申"生刍一束"之忱，归途成了一首《哭鲁迅墓》诗如下：

身后万民同雪涕，生前孤剑独冲锋。
丹心浩气终黄土，长夜凭谁叩晓钟。

场君云萍，搜集我的关于鲁迅的杂文十篇，名曰《鲁迅的思想与生活》,将由台湾文化协进会出版,其热心从事可感。因书数语于此。

一九四七年五月

附录一

鲁迅先生年谱

凡例

一　先生自民国元年五月抵京之日始，即写日记，从无间断，凡天气之变化如阴、晴、风、雨，人事之交际如友朋过从，信札往来，书籍购入，均详载无遗，他日付印，足供参考。故年谱之编，力求简短，仅举荦荦大端而已。

二　先生著作既多，译文亦富，另有著译书目，按年排比，故本谱于此二项，仅记大略，未及详焉。

三　先生著译之外，复勤于纂辑古书，钞录古碑，书写均极精美，谱中亦不备举。

四　先生工作毕生不倦，如编辑各种刊物，以及为人校订稿件之类，必忠必信，贡献亦多，谱中亦从略不述。

五　本谱材料，有奉询于先生母太夫人者，亦有得于夫人许广平及令弟作人建人者，合并声明。

二十六年五月　日许寿裳记

鲁迅传

民国前三十一年　清光绪七年辛巳西历一八八一年先生一岁

八月初三日，生于浙江绍兴城内东昌坊口。姓周，名树人，字豫才，小名樟寿，至三十八岁，始用鲁迅为笔名。

前二十六年　十二年丙戌　一八八六年　六岁

是年入塾，从从叔祖玉田先生初诵《鉴略》。

前二十四年　十四年戊子　一八八八年　八岁

十一月，以妹端生十月即夭，当其病笃时，先生在屋隅暗泣，母太夫人询其何故，答曰："为妹妹啦。"

是岁一日，本家长辈相聚推牌九，父伯宜公亦与焉。先生在旁默视，从伯慰农先生因询之曰："汝愿何人得赢？"先生立即对曰："愿大家均赢。"其五六岁时，宗党皆呼之曰"胡羊尾巴"，誉其小而灵活也。

前二十年　十八年壬辰　一八九二年　十二岁

正月，往三味书屋从寿镜吾先生怀鉴读。在塾中，喜乘间描画，并搜集图画，而对于《二十四孝图》之"老莱娱亲""郭巨埋儿"独生反感。

先生外家为安桥头鲁姓，聚族而居，幼时常随母太夫人前往，得在乡村与大自然相接触，影响甚大。《社戏》中所描写者，皆安桥头一带之景色，时正十一二岁也。外家后迁皇甫庄，小皋步等处。

十二月三十日曾祖母戴太君卒，年七十九。

前十九年　十九年癸巳　一八九三年　十三岁

三月祖父介孚公丁忧,自北京归。

秋,介孚公因事下狱,父伯宜公又抱重病,家产中落,出入于质铺及药店者累年。

前十六年　二十二年丙申　一八九六年　十六岁

九月初六日父伯宜公卒,年三十七。

父卒后,家境益艰。

前十四年　二十四年戊戌　一八九八年　十八岁

闰三月,往南京考入江南水师学堂。

前十三年　二十五年己亥　一八九九年　十九岁

正月,改入江南陆师学堂附设矿路学堂,对于功课并不温习,而每逢考试辄列前茅。

课余辄读译本新书,尤好小说,时或外出骑马。

前十一年　二十七年辛丑　一九〇一年　二十一岁

十二月矿路学堂毕业。

前十年　二十八年壬寅　一九〇二年　二十二岁

二月,由江南督练公所派赴日本留学,入东京弘文学院。

课余喜读哲学与文艺之书,尤注意于人性及国民性问题。

前九年　二十九年癸卯　一九〇三年　二十三岁

是年为《浙江潮》杂志撰文。

秋,译《月界旅行》毕。

前八年　三十年甲辰　一九〇四年　二十四岁

六月初一日,祖父介孚公卒,年六十八。

八月，往仙台入医学专门学校肄业。

前六年　三十二年丙午　一九〇六年　二十六岁

六月回家，与山阴朱女士结婚。

同月，复赴日本，在东京研究文艺，中止学医。

前五年　三十三年丁未　一九〇七年　二十七岁

是年夏，拟创办文艺杂志，名曰《新生》，以费绌未印，后为《河南》杂志撰文。

前四年　三十四年戊申　一九〇八年　二十八岁

是年从章太炎先生炳麟学，为"光复会"会员，并为二弟作人译域外小说。

前三年　宣统元年己酉　一九〇九年　二十九岁

是年辑印《域外小说集》二册。

六月归国，任浙江两级师范学堂生理学化学教员。

前二年　二年庚戌　一九一〇年　三十岁

四月初五日祖母蒋太君卒，年六十九。

八月，任绍兴中学堂教员兼监学。

前一年　三年辛亥　一九一一年　三十一岁

九月绍兴光复，任绍兴师范学校校长。

冬，写成第一篇试作小说《怀旧》，阅二年始发表于《小说月报》第四卷第一号。

注：以上月份均系阴历。

民国元年　一九一二年　三十二岁

一月一日，临时政府成立于南京，应教育总长蔡元培之招，任教育部部员。

五月，航海抵北京，住宣武门外南半截胡同绍兴会馆藤花馆，任教育部社会教育司第一科科长。八月任命为教育部佥事。

是月公余纂辑《谢承后汉书》。

二年　一九一三年　三十三岁

六月，请假由津浦路回家省亲，八月由海道返京。

十月，公余校《嵇康集》。

三年　一九一四年　三十四岁

是年公余研究佛经。

四年　一九一五年　三十五岁

一月辑成《会稽郡故书杂集》一册，用二弟作人名印行。

同月刻《百喻经》成。

是年公余喜搜集并研究金石拓本。

五年　一九一六年　三十六岁

五月，移居会馆补树书屋。

十二月，请假由津浦路归省。

是年仍搜集研究造像及墓志拓本。

六年　一九一七年　三十七岁

一月初，返北京。

七月初，因张勋复辟乱作，愤而离职，同月乱平即返部。

是年仍搜集研究拓本。

七年　一九一八年　三十八岁

自四月开始创作以后,源源不绝,其第一篇小说《狂人日记》,以鲁迅为笔名,载在《新青年》第四卷第五号,掊击家族制度与礼教之弊害,实为文学革命思想革命之急先锋。

是年仍搜罗研究拓本。

八年　一九一九年　三十九岁

一月发表关于爱情之意见,题曰《随感录四十》,载在《新青年》第六卷第一号,后收入杂感集《热风》。

八月买公用库八道湾屋成,十一月修缮之事略备,与二弟作人俱迻入。

十月发表关于改革家庭与解放子女之意见,题曰《我们现在怎样做父亲》,载《新青年》第六卷第六号,后收入论文集《坟》。

十二月请假经津浦路归省,奉母偕三弟建人来京。

是年仍搜罗研究拓本。

九年　一九二〇年　四十岁

一月,译成日本武者小路实笃著戏曲《一个青年的梦》。

十月译成俄国阿尔志跋绥夫著小说《工人绥惠略夫》。

是年秋季起,兼任北京大学及北京高等师范学校讲师。

是年仍研究金石拓本。

十年　一九二一年　四十一岁

二三两月又校《嵇康集》。

仍兼任北京大学,北京高等师范学校讲师。

十一年　一九二二年　四十二岁

二月八月又校《嵇康集》。

五月译成俄国爱罗先珂著童话剧《桃色的云》。

仍兼任北京大学，北京高等师范学校讲师。

十二年　一九二三年　四十三岁

八月迁居砖塔胡同六十一号。

九月小说第一集《呐喊》印成。

十二月买阜成门内西三条胡同二十一号屋。

同月，《中国小说史略》上卷印成。

是年秋起，兼任北京大学，北京师范大学，北京女子高等师范学校及世界语专门学校讲师。

十三年　一九二四年　四十四岁

五月，移居西三条胡同新屋。

六月，《中国小说史略》下卷印成。

同月又校《嵇康集》，并撰校正《嵇康集》序。

七月往西安讲演，八月返京。

十月译成日本厨川白村著论文《苦闷的象征》。

仍兼任北京大学，北京师范大学，北京女子高等师范学校及世界语专门学校讲师。

是年冬起为《语丝》周刊撰文。

十四年　一九二五年　四十五岁

八月，因教育总长章士钊非法解散北京女子师范大学，先生与多数教职员有校务维持会之组织,被章士钊违法免职。

十一月杂感第一集《热风》印成。

十二月译成日本厨川白村著《出了象牙之塔》。

是年仍为《语丝》撰文,并编辑《国民新报》副刊及《莽原》杂志。

是年秋起,兼任北京大学,北京女子师范大学,中国大学讲师,黎明中学教员。

十五年　一九二六年　四十六岁

一月女子师范大学恢复,新校长易培基就职,先生始卸却职责。

同月教育部佥事恢复,到部任事。

三月,"三一八"惨杀案后,避难入山本医院,德国医院,法国医院等,至五月始回寓。

七月起,逐日往中央公园,与齐宗颐同译《小约翰》。

八月底,离北京向厦门,任厦门大学文科教授。

九月《彷徨》印成。

十二月因不满于学校,辞职。

十六年　一九二七年　四十七岁

一月至广州,任中山大学文学系主任兼教务主任。

二月往香港演说,题为:《无声的中国》,次日演题:《老调子已经唱完》。

三月黄花节,往岭南大学讲演。同日移居白云楼。

四月至黄埔政治学校讲演。

同月十五日，赴中山大学各主任紧急会议，营救被捕学生，无效，辞职。

七月演讲于知用中学，及市教育局主持之"学术讲演会"，题目为《读书杂谈》《魏晋风度及文章与药及酒之关系》。

八月开始编纂《唐宋传奇集》。

十月抵上海。八日，移寓景云里二十三号，与番禺许广平女士同居。

同月《野草》印成。

沪上学界，闻先生至，纷纷请往讲演，如劳动大学，立达学园，复旦大学，暨南大学，大夏大学，中华大学，光华大学等。

十二月应大学院院长蔡元培之聘，任特约著作员。

同月《唐宋传奇集》上册出版。

十七年　一九二八年　四十八岁

二月《小约翰》印成。

同月为《北新》半月刊译《近代美术史潮论》，及《语丝》编辑。

《唐宋传奇集》下册印成。

五月往江湾实验中学讲演，题曰：《老而不死论》。

六月《思想山水人物》译本出。《奔流》创刊号出版。

十一月短评《而已集》印成。

十八年　一九二九年　四十九岁

一月与王方仁，崔真吾，柔石等合资印刷文艺书籍及木刻

《艺苑朝花》，简称朝花社。

五月《壁下译丛》印成。

同月十三日，北上省亲。并应燕京大学，北京大学，第二师范学院，第一师范学院等校讲演。

六月五日回抵沪上。

同月卢那卡尔斯基作《艺术论》译成出版。

九月二十七日晨，生一男。

十月一日名孩子曰海婴。

同月为柔石校订中篇小说《二月》。

同月卢那卡尔斯基作《文艺与批评》译本印成。

十二月往暨南大学讲演。

十九年　一九三〇年　五十岁

一月朝花社告终。

同月与友人合编《萌芽》月刊出版。开始译《毁灭》。

二月"自由大同盟"开成立会。

三月二日参加"左翼作家联盟"成立会。

此时浙江省党部呈请通缉"反动文人鲁迅"。

"自由大同盟"被严压，先生离寓避难。

同时牙齿肿痛，全行拔去，易以义齿。

四月回寓。与神州国光社订约编译《现代文艺丛书》。

五月十二日迁入北四川路楼寓。

八月往"夏期文艺讲习会"讲演。

同月译雅各武莱夫长篇小说《十月》讫。

九月为贺非校订《静静的顿河》毕,过劳发热。

同月十七日,在荷兰西菜室,赴数友发起之先生五十岁纪念会。

十月四五两日,与内山完造同开"版画展览会"于北四川路"购买组合"第一店楼上。

同月译《药用植物》讫。

十一月修正《中国小说史略》。

二十年　一九三一年　五十一岁

一月二十日柔石被逮,先生离寓避难。

二月梅斐尔德《士敏土之图》印成。

同月二十八日回旧寓。

三月,先生主持"左联"机关杂志《前哨》出版。

四月往同文书院讲演,题为:《流氓与文学》。

六月往日人"妇女之友会"讲演。

七月为增田涉讲解《中国小说史略》全部毕。

同月往"社会科学研究会"演讲《上海文艺之一瞥》。

八月十七日请内山嘉吉君教学生木刻术,先生亲为翻译,至二十二日毕。二十四日为一八艺社木刻部讲演。

十一月校《嵇康集》以涵芬楼影印宋本。

同月《毁灭》制本成。

十二月与友人合编《十字街头》旬刊出版。

二十一年　一九三二年　五十二岁

一月二十九日遇战事，在火线中。次日避居内山书店。

二月六日，由内山店友护送至英租界内山支店暂避。

四月编一九二八及二九年短评，名曰《三闲集》。编一九三〇至三一年杂文，名曰《二心集》。

五月自录译著书目。

九月编译新俄小说家二十人集上册讫，名曰《竖琴》。编下册讫，名曰《一天的工作》。

十月排比《两地书》。

十一月九日，因母病赴平。

同月二十二日起，在北京大学，辅仁大学，北平大学，女子文理学院，师范大学，中国大学等校讲演。

二十二年　一九三三年　五十三岁

一月四日蔡元培函邀加入"民权保障同盟会"，被举为执行委员。

二月十七日蔡元培函邀赴宋庆龄宅，欢迎萧伯纳。

三月《鲁迅自选集》出版于天马书店。

同月二十七日移书籍于狄思威路，租屋存放。

四月十一日迁居大陆新村九号。

五月十三日至德国领事馆为"法西斯蒂"暴行递抗议书。

六月二十日杨铨被刺，往万国殡仪馆送殓。时有先生亦将不免之说，或阻其行，先生不顾，出不带门匙，以示决绝。

七月，《文学》月刊出版，先生为同人之一。

十月，先生编序之《一个人的受难》木刻连环图印成。

同月"木刻展览会"假千爱里开会。

又短评集《伪自由书》印成。

二十三年　一九三四年　五十四岁

一月《北平笺谱》出版。

三月校杂文《南腔北调集》，同月印成。

五月，先生编序之木刻《引玉集》出版。

八月编《译文》创刊号。

同月二十三日，因熟识者被逮，离寓避难。

十月《木刻纪程》印成。

十二月十四夜脊肉作痛，盗汗。病后大瘦，义齿与齿龈不合。

同月短评集《准风月谈》出版。

二十四年　一九三五年　五十五岁

一月译苏联班台莱夫童话《表》毕。

二月开始译果戈理《死魂灵》。

四月《十竹斋笺谱》第一册印成。

六月编选《新文学大系》小说二集并作导言毕，印成。

九月高尔基作《俄罗斯的童话》译本印成。

十月编瞿秋白遗著《海上述林》上卷。

十一月续写《故事新编》。

十二月整理《死魂灵百图》木刻本，并作序。

二十五年　一九三六年　五十六岁

一月肩及胁均大痛。

同月二十日与友协办之《海燕》半月刊出版。

又校《故事新编》毕,即出书。

二月开始续译《死魂灵》第二部。

三月二日下午骤患气喘。

四月七日往良友公司,为之选定《苏联版画》。

同月编《海上述林》下卷。

五月十五日再起病,医云胃疾,自后发热未愈,三十一日,史沫特黎女士引美国邓医生来诊断,病甚危。

六月,从委顿中渐愈,稍能坐立诵读。可略作数十字。同月,病中答访问者O. V.《论现在我们的文学运动》。

又《花边文学》印成。

七月,先生编印之《凯绥·珂勒惠支版画选集》出版。

八月,痰中见血。

为《中流》创刊号作小文。

十月,称体重八十八磅,较八月一日增约二磅。

契诃夫作《坏孩子和别的奇闻》译本印成。

能偶出看电影及访友小坐。

同月八日往青年会观第二回"全国木刻流览会"。

十七日出访鹿地亘及内山完造。

十八日未明前疾作,气喘不止,延至十九日上午五时二十五分逝世。

附录二

鲁迅古诗文的一斑

我上次谈鲁迅的旧诗的时候，因为从《作家月刊》二卷二号看见了有为内山完造写的长幅，又从《国闻周报》十三卷四十四号读了为新居格写的绝句，料想鲁迅遗诗留在国内，或落在海外的一定不少，所以说"还有若干首可找，俟后再谈"。他写给内山的是：

廿年居上海，每日见中华。
有病不求药，无聊才读书。
一阔脸就变，所砍头渐多，
忽而又下野，南无阿弥陀。

下叙辛未初春，辛未乃民国二十年也。署名的下面有着一块黑文，以打手印代名章，可谓别致。写给新居氏，见于《国闻周报》的是：

鲁迅传

万家墨面没蒿莱,敢有吟声动地哀。
心耳浩茫连广宇,于无声处听惊雷。

这诗据景宋从日记的抄本,"吟声"作"歌吟","心耳"作"心事"。写的日子是二十三年五月三十日。

北大教授魏建功是鲁迅的弟子,他的书法擅长汉简,曾为鲁迅写过《北平笺谱》的序文,现在愿意手写鲁迅的古体诗,以备木刻,我就函托景宋去搜集。不多几天,她寄给我回信,并附抄诗一卷,是从鲁迅日记里摘录下来的,年月分明,次序秩然,并且将《集外集》《新苗》十一和十三册所载,校对过一番,有不同处,则用铅笔注明;后又寄来拾遗,大约共计四十首光景。信中略云:"迅师于古诗文,虽工而不喜作。偶有所作,系应友朋要请,或抒一时性情,随书随弃,不自爱惜,生尝以珍藏请,辄遭哂笑。"的确,鲁迅的古诗文大都是为了有人索书而作,例如《自嘲》一首(《集外集》)是为柳亚子书的,又《所闻》一首(《新苗》十三册)是为内山夫人书的。他的古诗虽不多,而每首的意境声调,都极深闳,称心而言,别具风格。我已经将景宋抄本转致魏君了,现在只摘录数首,以快先睹而已。

二十年十月二日,有一首《送增田涉君归国》:

扶桑正是秋光好,枫叶如丹照嫩寒。
却折垂杨送归客,心随东棹忆华年。

鲁迅古诗文的一斑

按增田涉曾将《中国小说史略》译成日文，前年出版了。卷头有一篇鲁迅的日文序，说道："听到拙著《中国小说史略》的日本译《支那小说史》已经出版了，非常欢喜，但是因此也感到自己的衰退。回忆四五年前，增田涉君几乎每天来寓，关于这书有所问难，偶或纵谈当时文坛的情形而愉快。那时候自己还有余暇，而且也有更想努力的野心，可是光阴如驶，现今是一妻一子成为累，书籍的搜集之类尤其视为身外的长物了，《小说史略》改订的机会或者未必有了。……"语多感慨，在这送别诗里，早就有了"华年"的追忆。

二十一年一月二十三日，为高良（富子）夫人写一小幅：

血沃中原肥劲草，寒凝大地发春华。
英雄多故谋夫病，泪洒崇陵噪暮鸦。

同年七月十一日，为山本初枝女士书一笺：

战云暂敛残春在，重炮清歌两寂然。
我亦无诗送归棹，但从心底祝平安。

这首诗，景宋注曰："上海战后有感"，日文的《大鲁迅全集》第一卷，本年二月已经出版了，附送《大鲁迅全集月报》其第一号里，有山本初枝的《忆鲁迅先生》，对于鲁迅的敏感，明断，镇静，率真，善导，以及勤于研究，非常钦佩，对于鲁迅的死，表示心底的哀悼。她是一个歌曲家。

二十二年一月二十六日，为画师望月玉成君书一笺：

风生白下千林暗，雾塞苍天百卉殚。
愿乞画家新意匠，只研朱墨作春山。

同年六月二十一日，为樋口良平君书一绝：

岂有豪情似旧时，花开花落两由之。
何期泪洒江南雨，又为斯民哭健儿。

景宋注曰："按二十日日记，写着：'午季茀来，午后同往万国殡仪馆送杨杏佛殓。'故诗有慨而言，另一幅写给景宋，云：'酉年六月二十日作'，诗句同上。"

二十三年三月十六日，"闻天津《大公报》记我患脑炎，戏作一绝，寄静农"云：

横眉岂夺蛾眉冶，不料仍违众女心。
诅咒而今翻异样，无如臣脑故如冰。

鲁迅虽然调平仄守格律，做近体诗，但他总不肯呆板地受这无谓的限制。例如写给内山的诗，歌麻鱼韵通用，依古时歌麻合韵，麻鱼通韵而做律诗，很是奇特的；这首戏作寄静农，又蒸侵通用，也可谓"古已有之"，《大雅·大明》七章不是"林""心"与"兴"合韵吗？

鲁迅又能做骈体文，做得也极工，试观《〈淑姿的信〉序》（《集外集》），便可知道：

夫嘉葩失荫，薄寒夺其芳菲，思士陵天，骄阳毁其羽翮。盖幽居一出，每仓皇于太空，坐驰无穷，终陨颠于实有也。爰有静女，长自山家，林泉陶其慧心，峰嶂隔兹尘俗，夜看朗月，觉天人之必圆，春撷繁花，谓芳馨之永住。虽生旧第，亦溅新流，既茁爱萌，遂通佳讯，排微波而径逝，矢坚石以偕行，向曼远之将来，构辉煌之好梦，然而年华春短，人海澜翻。远瞩所至，始见来日之大难，修眉渐颦，终敛当年之巧笑，衔深哀于不答，铸孤愤以成辞，远人焉居，长途难即。何期忽逢二竖，遽释诸纷，阒绮颜于一棺，腐芳心于抔土。从此西楼良夜，凭槛无人，而中国韶年，乐生依旧。呜呼，亦可悲矣，不能久也。逝者如是，遗简廑存，则有生人，付之活字，文无雕饰，呈天真之纷纶，事具悲欢，露人生之鳞爪，既欢娱以善始，遂凄恻而令终。诚足以分追悼于有情，散余悲于无著者也。

属为小引，愧乏长才，率缀芜词，聊陈涯略云尔。

一九三二年七月二十日，鲁迅撰。

此文格调之高，上追东晋，用典之富，旁及西方，如"思士陵天"两句,便使用着希腊神话中 Icarus 冒险失败的故事。全篇的思想和情绪又都是现代的。鲁迅因为一生常受诬蔑,在他的《世故三昧》文中,发着这样感慨的话:"……例如我自己罢,给一个毫不相干的女士做了一篇信札集的序,人们就说她是我的小姨;绍介一点科学的文艺理论,人们就说得了苏联的卢布,亲戚和金钱,在目下的中国,关系也真是大,事实给与了教训,人们看惯了,以为人人都脱不了这关系,原也无足深怪的。"人们所见不广,只看惯了金钱,亲私,受贿赂,徇情面,于是妄加推测,随意诬人,这是很可叹息的事情。我想鲁迅所指的信札集的序,大概就是这篇《〈淑姿的信〉序》罢。他对于这位金女士,确乎素昧生平,毫无关系,而付印者"属为小引",鲁迅即不吝微劳。文字有灵,悲欢毕现,舒他人的悱愤,状恨海的缠绵,明者自会共鸣,俗子定多曲解也。

二十六年三月十八日

(原载一九三七年四月十六日《新苗》月刊第十六册署名上遂。)

附录三

回忆鲁迅先生

萧 红

鲁迅先生的笑声是明朗的,是从心里的欢喜。若有人说了什么可笑的话,鲁迅先生笑的连烟卷都拿不住了,常常是笑的咳嗽起来。

鲁迅先生走路很轻捷,尤其使人记得清楚的,是他刚抓起帽子来往头上一扣,同时左腿就伸出去了,仿佛不顾一切地走去。

鲁迅先生不大注意人的衣裳,他说:"谁穿什么衣裳我看不见得……"

鲁迅先生生的病刚好了一点,他坐在躺椅上,抽着烟,那天我穿着新奇的大红的上衣,很宽的袖子。

鲁迅先生说:"这天气闷热起来,这就是梅雨天。"他把他装在象牙烟嘴上的香烟，又用手装得紧一点，往下又说了别的。

许先生忙着家务，跑来跑去，也没有对我的衣裳加以鉴赏。

于是我说："周先生，我的衣裳漂亮不漂亮？"

鲁迅先生从上往下看了一眼："不大漂亮。"

过了一会又接着说："你的裙子配的颜色不对，并不是红上衣不好看，各种颜色都是好看的，红上衣要配红裙子，不然就是黑裙子，咖啡色的就不行了；这两种颜色放在一起很浑浊……你没看到外国人在街上走的吗？绝没有下边穿一件绿裙子，上边穿一件紫上衣，也没有穿一件红裙子而后穿一件白上衣的……"

鲁迅先生就在躺椅上看着我："你这裙子是咖啡色的，还带格子，颜色浑浊得很，所以把红色衣裳也弄得不漂亮了？"

"……人瘦不要穿黑衣裳，人胖不要穿白衣裳；脚长的女人一定要穿黑鞋子，脚短就一定要穿白鞋子；方格子的衣裳胖人不能穿，但比横格子的还好；横格子的胖人穿上，就把胖子更往两边裂着，更横宽了，胖子要穿竖条子的，竖的把人显得长，横的把人显的宽……"

那天鲁迅先生很有兴致，把我一双短统靴子也略略批评一下，说我的短靴是军人穿的，因为靴子的前后都有一条线织的拉手，这拉手据鲁迅先生说是放在裤子下边的……

我说："周先生，为什么那靴子我穿了多久了而不告诉我，怎么现在才想起来呢？现在我不是不穿了吗？我穿的这不是另外的鞋吗？"

"你不穿我才说的,你穿的时候,我一说你该不穿了。"

那天下午要赴一个筵会去,我要许先生给我找一点布条或绸条束一束头发。许先生拿了来米色的绿色的,还有桃红色的。经我和许先生共同选定的是米色的。为着取美,把那桃红色的,许先生举起来放在我的头发上,并且许先生很开心地说着:

"好看吧!多漂亮!"

我也非常得意,很规矩又顽皮地在等着鲁迅先生往这边看我们。

鲁迅先生这一看,脸是严肃的,他的眼皮往下一放向着我们这边看着:

"不要那样装她……"

许先生有点窘了。

我也安静下来。

鲁迅先生在北平教书时,从不发脾气,但常常好用这种眼光看人,许先生常跟我讲。她在女师大读书时,周先生在课堂上,一生气就用眼睛往下一掠,看着他们,这种眼光是鲁迅先生在记范爱农先生的文字曾自己述说过,而谁曾接触过这种眼光的人就会感到一个时代的全智者的催逼。

我开始问:"周先生怎么也晓得女人穿衣裳的这些事情呢?"

"看过书的,关于美学的。"

"什么时候看的……"

"大概是在日本读书的时候……"

"买的书吗？"

"不一定是买的，也许是从什么地方抓到就看的……"

"看了有趣味吗？"

"随便看看……"

"周先生看这书做什么？"

"……"没有回答，好像很难以答。

许先生在旁说："周先生什么书都看的。"

在鲁迅先生家里作客人，刚开始是从法租界来到虹口，搭电车也要差不多一个钟头的工夫，所以那时候来的次数比较少。记得有一次谈到半夜了，一过十二点电车就没有的，但那天不知讲了些什么，讲到一个段落就看看旁边小长桌上的圆钟，十一点半了，十一点四十五分了，电车没有了。

"反正已十二点，电车也没有，那么再坐一会！"许先生如此劝着。

鲁迅先生好像听了所讲的什么引起了幻想，安顿地举着象牙烟嘴在沉思着。

一点钟以后，送我（还有别的朋友）出来的是许先生，外边下着的蒙蒙的小雨，弄堂里灯光全然灭掉了，鲁迅先生嘱咐许先生一定让坐小汽车回去，并且一定嘱咐许先生付钱。

以后也住到北四川路来，就每夜饭后必到大陆新村来了，刮风的天，下雨的天，几乎没有间断的时候。

鲁迅先生很喜欢北方饭，还喜欢吃油炸的东西，喜欢吃硬的东西，就是后来生病的时候，也不大吃牛奶。鸡汤端到旁边用调羹舀了一二下就算了事。

有一天约好我去包饺子吃，那还是住在法租界，所以带了外国酸菜和用绞肉机绞成的牛肉，就和许先生站在客厅后边的方桌边包起来。海婴公子围着闹的起劲，一会按成圆饼的面拿去了，他说做了一只船来，送在我们的眼前，我们不看他，转身他又做了一只小鸡。许先生和我都不去看他，对他竭力避免加以赞美，若一赞美起来，怕他更做的起劲。

客厅后边没到黄昏就先黑了，背上感到些微微的寒凉，知道衣裳不够了，但为着忙，没有加衣裳去。等把饺子包完了，看看那数目并不多，这才知道许先生我们谈话谈得太多，误了工作。许先生怎样离开家的，怎样到天津读书的，在女师大读书时怎样做了家庭教师。她去考家庭教师的那一段描写，非常有趣，只取一名，可是考了好几十名，她之能够当选算是难的了。指望对于学费有点补助，冬天来了，北平又冷，那家离学校又远，每月除了车子钱之外，若伤风感冒还得自己拿出买阿司匹林的钱来，每月薪金十元要从西城跑到东城……

饺子煮好，一上楼梯，就听到楼上明朗的鲁迅先生的笑声冲下楼梯来，原来有几个朋友在楼上也正谈得热闹。那一天吃得是很好的。

以后我们又做过韭菜合子，又做过荷叶饼，我一提议鲁迅先生必然赞成，而我做的又不好，可是鲁迅还是在桌上举着筷子问许先生："我再吃几个吗？"

因为鲁迅先生胃不大好，每饭后必吃"脾自美"药丸一二粒。

有一天下午鲁迅先生正在校对着瞿秋白的《海上述林》，我一走进卧室去，从那圆转椅上鲁迅先生转过来了，向着我，还微微站起了一点。

"好久不见，好久不见。"一边说着一边向我点头。

刚刚我不是来过了吗？怎么会好久不见？就是上午我来的那次周先生忘记了，可是我也每天来呀……

怎么都忘记了吗？

周先生转身坐在躺椅上才自己笑起来，他是在开着玩笑。

梅雨季，很少有晴天，一天的上午刚一放晴，我高兴极了，就到鲁迅先生家去了，跑得上楼还喘着。鲁迅先生说："来啦！"我说："来啦！"

我喘着连茶也喝不下。

鲁迅先生就问我：

"有什么事吗？"

我说："天晴啦，太阳出来啦。"

许先生和鲁迅先生都笑着，一种对于冲破忧郁心境的崭然的

回忆鲁迅先生

会心的笑。

海婴一看到我非拉我到院子里和他一道玩不可,拉我的头发或拉我的衣裳。

为什么他不拉别人呢?据周先生说:"他看你梳着辫子,和他差不多,别人在他眼里都是大人,就看你小。"

许先生问着海婴:"你为什么喜欢她呢?不喜欢别人?"

"她有小辫子。"说着就来拉我的头发。

鲁迅先生家生客人很少,几乎没有,尤其是住在他家里的人更没有。一个礼拜六的晚上,在二楼上鲁迅先生的卧室里摆好了晚饭,围着桌子坐满了人。每逢礼拜六晚上都是这样的,周建人先生带着全家来拜访的。在桌子边坐着一个很瘦的很高的穿着中国小背心的人,鲁迅先生介绍说:"这是位同乡,是商人。"

初看似乎对的,穿着中国裤子,头发剃的很短。当吃饭时,他还让别人酒,也给我倒一盅,态度很活泼,不大像个商人;等吃完了饭,又谈到《伪自由书》及《二心集》。这个商人,开明得很,在中国不常见。

下一次是在楼下客厅后的方桌上吃晚饭,那天很晴,一阵阵的刮着热风,虽然黄昏了,客厅后还不昏黑。鲁迅先生是新剪的头发,还能记得桌上有一盘黄花鱼,大概是顺着鲁迅先生的口味,是用油煎的。鲁迅先生前面摆着一碗酒,酒碗是扁扁的,好像用做吃饭的饭碗。那位商人先生也能喝酒,酒瓶就站在他的旁边。他说蒙古人什么样，苗人什么样，从西藏经过时，那西藏女人见了男人追他，他就如何如何。

这商人可真怪，怎么专门走地方，而不做买卖？并且鲁迅先生的书他也全读过，一开口这个，一开口那个。并且海婴叫他×先生，我一听那×字就明白他是谁了。×先生常常回来得很迟，从鲁迅先生家里出来，在弄堂里遇到了几次。

有一天晚上×先生从三楼下来，手里提着小箱子，身上穿着长袍子，站在鲁迅先生的面前，他说他要搬了。他告了辞，许先生送他下楼去了。这时候周先生在地板上绕了两个圈子，问我说：

"你看他到底是商人吗？"

"是的。"我说。

鲁迅先生很有意思的在地板上走几步，而后向我说："他是贩卖私货的商人，是贩卖精神上的……"

×先生走过二万五千里回来的。

青年人写信，写得太草率，鲁迅先生是深恶痛绝之的。

"字不一定要写得好，但必须得使人一看了就认识，年轻人现在都太忙了……他自己赶快胡乱写完了事，别人看了三遍五遍看不明白，这费了多少工夫，他不管。反正这费了功夫不是他的。这存心是不太好的……"

但他还是展读着每封由不同角落里投来的青年的信，眼睛不济时，便戴起眼镜来看，常常看到夜里很深的时光。

鲁迅先生坐在××电影院楼上的第一排，那片名忘记了，新闻片是苏联纪念五一节的红场。

"这个我怕看不到的……你们将来可以看得到。"鲁迅先生向我们周围的人说。

珂勒惠支，鲁迅先生最佩服，同时也很佩服她的做人。珂勒惠支受希特勒的压迫，不准她做教授，不准她画画，鲁迅先生常讲到她。

史沫特莱，鲁迅先生也讲到，她是美国女子，帮助印度独立运动，现在又在援助中国。

鲁迅先生介绍人去看的电影：《夏伯阳》，《复仇艳遇》……其余的如《人猿泰山》……或者非洲的怪兽这一类的影片，也常介绍给人的。鲁迅先生说："电影没有什么好的，看看鸟兽之类倒可以增加些对于动物的知识。"

鲁迅先生不游公园，住在上海十年，兆丰公园没有进过。虹口公园这么近也没有进过。春天一到了，我常告诉周先生，我说公园里的土松软了，公园里的风多么柔和。周先生答应选个晴好的天气，选个礼拜日，海婴休假日，好一道去，坐一乘小汽车一直开到兆丰公园，也算是短途旅行。但这只是想着而未有做到，并且把公园给下了定义。鲁迅先生说："公园的样子我知道的……一进门分做两条路，一条通左边，一条通右边，沿着路种着点柳树什么树的，树下摆着几张长椅子，再远一点有个水池子。"

我是去过兆丰公园的，也去过虹口公园或是法国公园的，仿佛这个定义适用在任何国度的公园设计者。

鲁迅先生不戴手套，不围围巾，冬天穿着黑土蓝的棉布袍子，头上戴着灰色毡帽，脚穿黑帆布胶皮底鞋。

胶皮底鞋夏天特别热，冬天又凉又湿，鲁迅先生的身体不算好，大家都提议把这鞋子换掉。鲁迅先生不肯，他说胶皮底鞋子走路方便。

"周先生一天走多少路呢？也不就一转弯到×××书店走一趟吗？"

鲁迅先生笑而不答。

"周先生不是很好伤风吗？不围巾子，风一吹不就伤风了吗？"

鲁迅先生这些个都不习惯，他说：

"从小就没戴过手套围巾，戴不惯。"

鲁迅先生一推开门从家里出来时，两只手露在外边，很宽的袖口冲着风就向前走，腋下夹着个黑绸子印花的包袱，里边包着书或者是信，到老靶子路书店去了。

那包袱每天出去必带出去，回来必带回来。出去时带着给青年们的信，回来又从书店带来新的信和青年请鲁迅先生看的稿子。

鲁迅先生抱着印花包袱从外边回来，还提着一把伞，一进门客厅早坐着客人，把伞挂在衣架上就陪客人谈起话来。谈了很久了，伞上的水滴顺着伞杆在地板上已经聚了一堆水。

鲁迅先生上楼去拿香烟，抱着印花包袱，而那把伞也没有忘记，顺手也带到楼上去。

鲁迅先生的记忆力非常之强，他的东西从不随便散置在任何地方。鲁迅先生很喜欢北方口味。许先生想请一个北方厨子，鲁迅先生以为开销太大，请不得的，男佣人，至少要十五元钱的工钱。

所以买米买炭都是许先生下手。我问许先生为什么用两个女佣人都是年老的，都是六七十岁的？许先生说她们做惯了，海婴的保姆，海婴几个月时就在这里。

正说着，那矮胖胖的保姆走下楼梯来了，和我们打了个迎面。

"先生，没吃茶吗？"她赶快拿了杯子去倒茶，那刚刚下楼时气喘的声音还在喉管里咕噜咕噜的，她确实年老了。

来了客人，许先生没有不下厨房的，菜食很丰富，鱼，肉……都是用大碗装着，起码四五碗，多则七八碗。可是平常就只三碗菜：一碗素炒豌豆苗，一碗笋炒咸菜，再一碗黄花鱼。

这菜简单到极点。

鲁迅先生的原稿，在拉都路一家炸油条的那里用着包油条，我得到了一张，是译《死魂灵》的原稿，写信告诉了鲁迅先生。鲁迅先生不以为希奇，许先生倒很生气。

　　鲁迅先生出书的校样，都用来揩桌，或做什么的。请客人在家里吃饭，吃到半道，鲁迅先生回身去拿来校样给大家分着。客人接到手里一看，这怎么可以？鲁迅先生说：

　　"擦一擦，拿着鸡吃，手是腻的。"

　　到洗澡间去，那边也摆着校样纸。

　　许先生从早晨忙到晚上，在楼下陪客人，一边还手里打着毛线。不然就是一边谈着话一边站起来用手摘掉花盆里花上已干枯了的叶子。许先生每送一个客人，都要送到楼下门口，替客人把门开开，客人走出去，而后轻轻地关了门，再上楼来。

　　来了客人还到街上去买鱼或买鸡，买回来还要到厨房里去工作。

　　鲁迅先生临时要寄一封信，就得许先生换起皮鞋子来到邮局或者大陆新村旁边信筒那里去。落着雨天，许先生就打起伞来。

　　许先生是忙的，许先生的笑是愉快的，但是头发有一些是白了的。

　　夜里去看电影，施高塔路的汽车房只有一辆车，鲁迅先生一定不坐，一定让我们坐。许先生，周建人夫人……海婴，周建人先生的三位女公子。我们上车了。

鲁迅先生和周建人先生，还有别的一二位朋友在后边。

看完了电影出来，又只叫到一部汽车，鲁迅先生又一定不肯坐，让周建人先生的全家坐着先走了。

鲁迅先生旁边走着海婴，过了苏州河的大桥去等电车去了。等了二三十分钟电车还没有来，鲁迅先生依着沿苏州河的铁栏杆坐在桥边的石围上了，并且拿出香烟来，装上烟嘴，悠然地吸着烟。

海婴不安地来回地乱跑，鲁迅先生还招呼他和自己并排坐下。

鲁迅先生坐在那和一个乡下的安静老人一样。

鲁迅先生吃的是清茶，其余不吃别的饮料。咖啡、可可、牛奶、汽水之类，家里都不预备。

鲁迅先生陪客人到深夜，必同客人一道吃些点心。那饼干就是从铺子里买来的，装在饼干盒子里，到夜深，许先生拿着碟子取出来，摆在鲁迅先生的书桌上。吃完了，许先生打开立柜再取一碟。还有向日葵子，差不多每来客人必不可少。鲁迅先生一边抽着烟，一边剥着瓜子吃，吃完了一碟，鲁迅先生必请许先生再拿一碟来。

鲁迅先生备有两种纸烟，一种价钱贵的，一种便宜的。便宜的是绿听子的，我不认识那是什么牌子，只记得烟头上带着黄纸的嘴，每五十支的价钱大概是四角到五角，是鲁迅先生自己平日用的。另一种是白听子的，是前门烟，用来招待客人的，白听烟放在鲁迅先生书桌的抽屉里。来客人鲁迅先生下楼，把它带到楼下去，客人走了，又带回楼上来，照样放在抽屉里。而绿听子的永远放在书桌上，是鲁迅先生随时吸着的。

鲁迅先生的休息，不听留声机，不出去散步，也不倒在床上睡觉，鲁迅先生自己说：

"坐在椅子上翻一翻书就是休息了。"

鲁迅先生从下午二三点钟起就陪客人，陪到五点钟，陪到六点钟，客人若在家吃饭，吃完饭又必要在一起喝茶，或者刚刚吃完茶走了，或者还没走又来了客人，于是又陪下去，陪到八点钟、十点钟，常常陪到十二点钟。从下午三点钟起，陪到夜里十二点，这么长的时间，鲁迅先生都是坐在藤躺椅上，不断地吸着烟。

客人一走，已经是下半夜了，本来已经是睡觉的时候了，可是鲁迅先生正要开始工作。

在工作之前，他稍微阖一阖眼睛，燃起一支烟来，躺在床边上，这一支烟还没有吸完，许先生差不多就在床里边睡着了（许先生为什么睡得这样快？因为第二天早晨六七点钟就要来管家务）。海婴这时在三楼和保姆一道睡着了。

全楼都寂静下去，窗外也一点声音没有了，鲁迅先生站起来，坐到书桌边，在那绿色的台灯下开始写文章了。许先生说鸡鸣的时候，鲁迅先生还是坐着，街上的汽车嘟嘟地叫起来了，鲁迅先生还是坐着。

有时许先生醒了，看着玻璃窗白萨萨的了，灯光也不显得怎么亮了，鲁迅先生的背影不像夜里那样高大。

鲁迅先生的背影是灰黑色的，仍旧坐在那里。

人家都起来了，鲁迅先生才睡下。

海婴从三楼下来了，背着书包，保姆送他到学校去，经过鲁迅先生的门前，保姆总是吩咐他说：

"轻一点走，轻一点走。"

鲁迅先生刚一睡下，太阳就高起来了，太阳照着隔院子的人家，明亮亮的，照着鲁迅先生花园的夹竹桃，明亮亮的。

鲁迅先生的书桌整整齐齐的，写好的文章压在书下边，毛笔在烧瓷的小龟背上站着。

一双拖鞋停在床下，鲁迅先生在枕头上边睡着了。

鲁迅先生喜欢吃一点酒，但是不多吃，吃半小碗或一碗。鲁迅先生吃的是中国酒，多半是花雕。

老靶子路有一家小吃茶店，只有门面一间，在门面里边设座，座少，安静，光线不充足，有些冷落。鲁迅先生常到这里吃茶店来，有约会多半是在这里边，老板是犹太也许是白俄，胖胖的，中国话大概他听不懂。

鲁迅先生这一位老人，穿着布袍子，有时到这里来，泡一壶红茶，和青年人坐在一道谈了一两个钟头。

有一天鲁迅先生的背后那茶座里边坐着一位摩登女子，身穿紫裙子黄衣裳，头戴花帽子……那女子临走时，鲁迅先生一看她，用眼瞪着她，很生气地看了她半天。而后说：

"是做什么的呢？"

鲁迅先生对于穿着紫裙子黄衣裳，花帽子的人就是这样看法的。

鬼，到底是有的没有的？传说上有人见过，还跟鬼说过话，还有人被鬼在后边追赶过，吊死鬼一见了人就贴在墙上。但没有一个人捉住一个鬼给大家看看。

鲁迅先生讲了他看见过鬼的故事给大家听：

"是在绍兴……"鲁迅先生说，"三十年前……"

那时鲁迅先生从日本读书回来，在一个师范学堂里也不知是什么学堂里教书，晚上没有事时，鲁迅先生总是到朋友家去谈天。这朋友住的离学堂几里路，几里路不算远，但必得经过一片坟地。谈天有的时候就谈得晚了，十一二点钟才回学堂的事也常有。有一天，鲁迅先生就回去得很晚，天空有很大的月亮。

鲁迅先生向着归路走得很起劲时，往远处一看，远远有一个白影。

鲁迅先生不相信鬼的，在日本留学时是学的医，常常把死人抬来解剖的，鲁迅先生解剖过二十几个，不但不怕鬼，对死人也不怕，所以对坟地也就根本不怕。仍旧是向前走的。

走了不几步，那远处的白影没有了，再看突然又有了。并且时小时大，时高时低，正和鬼一样。鬼不就是变幻无常的吗？

鲁迅先生有点踌躇了，到底向前走呢？还是回过头来走？本来回学堂不止这一条路，这不过是最近的一条就是了。

鲁迅先生仍是向前走，到底要看一看鬼是什么样，虽然那时候也怕了。

鲁迅先生那时从日本回来不久，所以还穿着硬底皮鞋。鲁迅先生决心要给那鬼一个致命的打击，等走到那白影旁边时，那白影缩小了，蹲下了，一声不响地靠住了一个坟堆。

鲁迅先生就用了他的硬皮鞋踢了出去。

那白影噢的一声叫起来，随着就站起来，鲁迅先生定眼看去，他却是个人。

鲁迅先生说在他踢的时候，他是很害怕的，好像若一下不把那东西踢死，自己反而会遭殃的，所以用了全力踢出去。

原来是个盗墓子的人在坟场上半夜作着工作。

鲁迅先生说到这里就笑了起来。

"鬼也是怕踢的，踢他一脚就立刻变成人了。"

我想，倘若是鬼常常让鲁迅先生踢踢倒是好的，因为给了他一个做人的机会。

从福建菜馆叫的菜,有一碗鱼做的丸子。

海婴一吃就说不新鲜,许先生不信,别的人也都不信。因为那丸子有的新鲜,有的不新鲜,别人吃到嘴里的恰好都是没有改味的。

许先生又给海婴一个,海婴一吃,又不是好的,他又嚷嚷着。别人都不注意,鲁迅先生把海婴碟里的拿来尝尝,果然不是新鲜的。鲁迅先生说:

"他说不新鲜,一定也有他的道理,不加以查看就抹杀是不对的。"

……

以后我想起这件事来,私下和许先生谈过,许先生说:"周先生的做人,真是我们学不了的。哪怕一点点小事。"

鲁迅先生包一个纸包也要包得整整齐齐,常常把要寄出的书,鲁迅先生从许先生手里拿过来自己包,许先生本来包得多么好,而鲁迅先生还要亲自动手。

鲁迅先生把书包好了,用细绳捆上,那包方方正正的,连一个角也不准歪一点或扁一点,而后拿着剪刀,把捆书的那绳头都剪得整整齐齐。

就是包这书的纸都不是新的,都是从街上买东西回来留下来的。许先生上街回来把买来的东西一打开,随手就把包东西的牛皮纸折起来,随手把小细绳卷了一个卷。若小细绳上有一个疙瘩，也要随手把它解开的，准备着随时用随时方便。

鲁迅先生住的是大陆新村九号。

一进弄堂口，满地铺着大方块的水门汀，院子里不怎样嘈杂，从这院子出入的有时候是外国人，也能够看到外国小孩在院子里零星的玩着。鲁迅先生隔壁挂着一块大的牌子，上面写着一个"茶"字。

在一九三五年十月一日。

鲁迅先生的客厅里摆着长桌，长桌是黑色的，油漆不十分新鲜，但也并不破旧，桌上没有铺什么桌布，只在长桌的当心摆着一个绿豆青色的花瓶，花瓶里长着几株大叶子的万年青。围着长桌有七八张木椅子。尤其是在夜里，全弄堂一点什么声音也听不到。

那夜，就和鲁迅先生和许先生一道坐在长桌旁边喝茶的。当夜谈了许多关于伪满洲国的事情，从饭后谈起，一直谈到九点钟十点钟，而后到十一点钟。时时想退出来，让鲁迅先生好早点休息，因为我看出来鲁迅先生身体不大好，又加上听许先生说过，鲁迅先生伤风了一个多月，刚好了的。但鲁迅先生并没有疲倦的样子。虽然客厅里也摆着一张可以卧倒的藤椅，我们劝他几次，想让他坐在藤椅上休息一下，但是他没有去，仍旧坐在椅子上。

并且还上楼一次，去加穿了一件皮袍子。

那夜鲁迅先生到底讲了些什么，现在记不起来了。也许想起来的不是那夜讲的而是以后讲的，也说不定。过了十一点，天就落雨了，雨点淅沥淅沥地打在玻璃窗上，窗子没有窗帘，所以偶一回头，就看到玻璃窗上有小水流往下流。夜已深了，并且落了雨，心里十分着急，几次站起来想要走，但是，鲁迅先生和许先生一再说："再坐一下，十二点以前终归有车子可搭的。"所以一直坐到将近十二点，才穿起雨衣来，打开客厅外边的响着的铁门，鲁迅先生非要送到铁门外不可。我想为什么他一定要送呢？对于这样年轻的客人，这样的送是应该的吗？雨不会打湿了头发，受了寒，伤风不又要继续下去吗？站在铁门外边，鲁迅先生说，并且指着隔壁那家写着"茶"字的大牌子："下次来记住这个'茶'字，就是这个'茶'的隔壁。"而且伸出手去，几乎是触到了钉在锁门旁边的那个九号的"九"字，"下次来记住茶的旁边九号。"

于是，脚踏着方块的水门汀，走出弄堂来，回过身去往院子里边看了一看，鲁迅先生那一排房子统统是黑洞洞的，若不是告诉的那样清楚，下次来恐怕要记不住的。

鲁迅先生的卧室，一张铁架大床，床顶上遮着许先生亲手做的白布刺花的围子，顺着床的一边折着两床被子，都是很厚的，是花洋布的被画。挨着门口的床头的方面站着抽屉柜。一进门的

回忆鲁迅先生

左手摆着八仙桌，桌子的两旁藤椅各一，立柜站在和方桌一排的墙角，立柜本是挂衣服的，衣裳却很少，都让糖盒子、饼干桶子、瓜子罐给塞满了。有一次××老板的太太来拿版权的图章花，鲁迅先生就从立柜下边大抽屉里取出的。沿着墙角往窗子那边走，有一张装饰台，桌子上有一个方形的满浮着绿草的玻璃养鱼池，里边游着的不是金鱼，而是灰色的扁肚子的小鱼。除了鱼池之外，另有一只圆的表，其余那上边满装着书。铁床架靠窗子的那头的书柜里书柜外都是书。最后是鲁迅先生的写字台，那上边也都是书。鲁迅先生家里，从楼上到楼下，没有一个沙发。鲁迅先生工作时坐的椅子是硬的，到楼下陪客人时坐的椅子又是硬的。

鲁迅先生的写字台面向着窗子，上海弄堂房子的窗子差不多满一面墙那么大，鲁迅先生把它关起来，因为鲁迅先生工作起来有一个习惯，怕吹风，风一吹，纸就动，时时防备着纸跑，文章就写不好。所以屋子里热得和蒸笼似的，请鲁迅先生到楼下去，他又不肯，鲁迅先生的习惯是不换地方。有时太阳照进来，许先生劝他把书桌移开一点都不肯。只有满身流汗。鲁迅先生的写字桌，铺了张蓝格子的油漆布，四角都用图钉按着。桌子上有小砚台一方，墨一块，毛笔站在笔架上。笔架是烧瓷的，在我看来不很细致，是一个龟，龟背上带着好几个洞，笔就插在那洞里。鲁迅先生多半是用毛笔的，钢笔也不是没有，是放在抽屉里。桌上有一个方大的白瓷的烟灰盒，还有一个茶杯，杯子上戴着盖。

鲁迅先生的习惯与别人不同，写文章用的材料和来信都压在桌子上，把桌子都压得满满的，几乎只有写字的地方可以伸开手，其余桌子的一半被书或纸张占有着。左手边的桌角上有一个带绿灯罩的台灯，那灯泡是横着装的，在上海那是极普通的台灯。

冬天在楼上吃饭，鲁迅先生自己拉着电线，把台灯的机关从棚顶的灯头上拔下，而后装上灯泡子。等饭吃过，许先生再把电线装起来，鲁迅先生的台灯就是这样做成的，拖着一根长长的电线在棚顶上。

鲁迅先生的文章，多半是在这台灯下写。因为鲁迅先生的工作时间，多半是下半夜一两点起，天将明了休息。

卧室就是如此，墙上挂着海婴公子一个月婴孩的油画像。

挨着卧室的后楼里边，完全是书了，不十分整齐，报纸和杂志或洋装的书，都混在这间屋子里，一走进去，多少还有些纸张气味。地板被书遮盖得太小了，几乎没有了，大网篮也堆在书中。墙上拉着一条绳子或者是铁丝，就在那上边系了小提盒、铁丝笼之类。风干荸荠就盛在铁丝笼，扯着的那铁丝几乎被压断了在弯弯着。一推开藏书室的窗子，窗子外边还挂着一筐风干荸荠。

"吃吧，多得很，风干的，格外甜。"许先生说。

楼下厨房传来了煎菜的锅铲的响声，并且两个年老的娘姨慢重重地在讲一些什么。

厨房是家庭最热闹的一部分。整个三层楼都是静静的，喊娘姨的声音没有，在楼梯上跑来跑去的声音没有。鲁迅先生家里五六间房子只住着五个人，三位是先生的全家，余下的二位是年老的女佣人。来了客人都是许先生亲自倒茶，即或是麻烦到娘姨时，也是许先生下楼去吩咐，绝没有站到楼梯口就大声呼唤的时候。所以整个房子都在静悄悄之中。

只有厨房比较热闹了一点，自来水哗哗地流着，洋瓷盆在水门汀的水池子上每拖一下磨着嚓嚓地响，洗米的声音也是嚓嚓的。鲁迅先生很喜欢吃竹笋的，在菜板上切着笋片笋丝时，刀刃每划下去，都是很响的。其实，比起别人家的厨房来，却冷清极了，所以洗米声和切笋声都分开来，听得样样清清晰晰。

客厅的一边，摆着并排的两个书架，书架是带玻璃橱的，里边有陀斯托耶夫斯基的全集和别的外国作家的全集，大半都是日文译本。地板上没有地毯，但擦得非常干净。

海婴公子的玩具橱也站在客厅里，里边是些毛猴子、橡皮人、火车汽车之类，里边装的满满的，别人是数不清的，只有海婴自己伸手到里边，找些什么就有什么。过新年时在街上买的兔子灯，纸毛上已经落了灰尘了，仍摆在玩具橱顶上。

客厅只有一个灯头，大概五十烛光。客厅的后门对着上楼的楼梯，前门一打开有一个一方丈大小的花园，花园里没有什么花看，只有一株很高的七八尺高的小树，大概那树是柳桃，一到了春天，喜欢生长蚜虫，忙得许先生拿着喷蚊虫的机器，一边陪着谈话，一边喷着杀虫药水。沿着墙根，种了一排玉米，许先生说："这玉米长不大的，这土是没有养料的，海婴一定要种。"

春天，海婴在花园里掘着泥沙，培植着各种玩艺。

三楼则特别静了，向着太阳开着两扇玻璃门，门外有一个水门汀的突出的小廊子，春天很温暖的抚摸着门口长垂着的帘子，有时帘子被风打得很高，飘扬的饱满的和大鱼泡似的。那时候隔院的绿树照进玻璃门扇里边来了。

海婴坐在地板上，装着小工程师在修着一座楼房，他那楼房是用椅子横倒了架起来修的，而后遮起一张被单来算作屋瓦，全个房子在他自己拍着手的赞誉声中完成了。这间屋感到些空旷和寂寞，既不像女工住的屋子，又不像儿童室。海婴的眠床靠着屋子的一边放着，那大圆顶帐子日里也不打起来，长拖拖的好像从棚顶一直拖到地板上，那床是非常讲究的，属于刻花的木器一类的。许先生讲过，租这房子时，从前一个房客转留下来的。海婴和他的保姆，就睡在五六尺宽的大床上。

冬天烧过的火炉，三月里还冷冰冰的在地板上站着。

海婴不大在三楼上玩的，除了到学校去，就是在院里踏脚踏车，他非常欢喜跑跳，所以厨房、客厅、二楼，他是无处不跑的。

三楼整天在高处空着，三楼的后楼住着另一个老女工，一天很少上楼来，所以楼梯擦过之后，一天到晚干净的溜明。

一九三六年三月里，鲁迅先生病了，靠在二楼的躺椅上，心脏跳动得比平日厉害，脸色微灰了一点。

许先生正相反的，脸色是红的，眼睛显得大了，讲话的声音是平静的，态度并没有比平日慌张。在楼下一走进客厅来，许先生就告诉说：

"周先生病了，气喘……喘得厉害，在楼上靠在躺椅上。"

鲁迅先生呼喘的声音，不用走到他的旁边，一进卧室就听得到的。鼻子和胡须在扇着，胸部一起一落。眼睛闭着，差不多永久不离开手的纸烟，也放弃了。藤椅后边靠着枕头，鲁迅先生的头有些向后，两只手空闲地垂着。眉头仍和平日一样没有聚皱，脸上是平静的，舒展的，似乎并没有任何痛苦加在身上。"来了吧？"鲁迅先生睁一睁眼睛，"不小心着了凉，呼吸困难……到藏书的房子去翻一翻书……那房子因为没有人住，特别凉……回来就……"

许先生看周先生说话吃力，赶紧接着说周先生是怎样气喘的。

医生看过了，吃了药，但喘并未停。下午医生又来过，刚刚走。

卧室在黄昏里边一点一点地暗下去，外边起了一点小风，隔院的树被风摇着发响。别人家的窗子有的被风打着发出自动关开的响声，家家的流水道都是哗啦哗啦的响着水声，一定是晚餐之后洗着杯盘的剩水。

晚餐后，该散步的散步去了，该会朋友的会友去了，弄堂里来去的稀疏不断地走着人，而娘姨们还没有解掉围裙呢，就依着后门彼此搭讪起来。小孩子们三五一伙前门后门地跑着，弄堂外汽车穿来穿去。

鲁迅先生坐在躺椅上，沉静地，不动地阖着眼睛，略微灰了的脸色被炉里的火染红了一点。纸烟听子蹲在书桌上，盖着盖子，茶杯也蹲在桌子上。

许先生轻轻地在楼梯上走着，许先生一到楼下去，二楼就只剩了鲁迅先生一个人坐在椅子上，呼喘把鲁迅先生的胸部有规律性的抬得高高的。鲁迅先生必得休息的，须藤老医生这样说的。可是，鲁迅先生从此不但没有休息，并且脑子里所想的更多了，要做的事情都像非立刻就做不可，校《海上述林》的校样，印珂勒惠支的画，翻译《死魂灵》下部，刚好了，这些就都一起开始了，还计算着出三十年集（即《鲁迅全集》）。

鲁迅先生感到自己的身体不好，就更没有时间注意身体，所以要多作，赶快作。当时大家不解其中的意思，都以为鲁迅先生不加以休息不以为然，后来读了鲁迅先生《死》的那篇文章才了然了。

鲁迅先生知道自己的健康不成了，工作的时间没有几年了，死了是不要紧的，只要留给人类更多，鲁迅先生就是这样。不久，书桌上德文字典和日文字典都摆起来了，果戈里的《死魂灵》，又开始翻译了。

鲁迅先生的身体不大好，容易伤风，伤风之后，照常要陪客人，回信，校稿子。所以伤风之后，总要拖下去一个月或半个月的。

瞿秋白的《海上述林》校样，一九三五年冬，一九三六年的春天，鲁迅先生不断地校着，几十万字的校样，要看三遍，而印刷所送校样来总是十页八页的，并不是统统一道地送来，所以鲁迅先生不断地被这校样催索着，鲁迅先生竟说：

"看吧，一边陪着你们谈话，一边看校样，眼睛可以看，耳朵可以听……"

有时客人来了，一边说着笑话，鲁迅先生一边放下了笔。有的时候也说："几个字了……请坐一坐……"

一九三五年冬天，许先生说：

"周先生的身体是不如从前了。"

有一次，鲁迅先生到饭馆里去请客，来的时候兴致很好，还记得那次吃了一只烤鸭子，整个的鸭子用大钢叉子叉上来时，大家看这鸭子烤的又油又亮的，鲁迅先生也笑了。

菜刚上满了，鲁迅先生就到躺椅上吸一支烟，并且阖一阖眼睛。一吃完了饭，有的喝了酒的，大家都闹乱了起来，彼此抢着苹果，彼此讽刺着玩，说着一些人可笑的话。而鲁迅先生这时候，坐在躺椅上，阖着眼睛，很庄严地在沉默着，让拿在手上纸烟的烟丝，袅袅地上升着。别人以为鲁迅先生也是喝多了酒吧！

许先生说："并不的。"

"周先生的身体是不如从前了，吃过了饭，总要闭一闭眼睛稍微休息一下，从前一向没有这习惯。"

周先生从椅子上站起来了,大概说他喝多了酒的话让他听到了。

"我不多喝酒的。小的时候,母亲常提到父亲喝了酒,脾气怎样坏,母亲说,长大了不要喝酒,不要像父亲那样子……所以我不多喝的……从来没喝醉过……"

鲁迅先生休息好了,换了一支烟,站起来也去拿苹果吃,可是苹果没有了。鲁迅先生说:

"我争不过你们了,苹果让你们抢没了。"

有人抢到手的还在保存着的苹果,奉献出来,鲁迅先生没吃,只在吸烟。

一九三六年春,鲁迅先生的身体不大好,但没有什么病,吃过了夜饭,坐在躺椅上,总要闭一闭眼睛沉静一会。

许先生对我说,周先生在北平时,有时开着玩笑,手按着桌子一跃就能够跃过去,而近年来没有这么做过,大概没有以前那么灵便了。

这话许先生和我是私下讲的。鲁迅先生没有听见,仍靠在躺椅上沉默着呢!

许先生开了火炉门,装着煤炭哗哗地响,把鲁迅先生震醒了。一讲起话来,鲁迅先生的精神又照常一样。

鲁迅先生睡在二楼的床上已经一个多月了,气喘虽然停止。

但每天发热，尤其是在下午热度总在三十八度三十九度之间，有时也到三十九度多，那时鲁迅先生的脸是微红的，目力是疲弱的，不吃东西，不大多睡，没有一些呻吟，似乎全身都没有什么痛楚的地方。躺在床上的时候张开眼睛看着，有的时候似睡非睡的安静地躺着，茶吃得很少。差不多一刻也不停地吸烟，而今几乎完全放弃了，纸烟听子不放在床边，而仍很远的蹲在书桌上，若想吸一支，是请许先生付给的。许先生从鲁迅先生病起，更过度地忙了。按着时间给鲁迅先生吃药，按着时间给鲁迅先生试温度表，试过了之后还要把一张医生发给的表格填好，那表格是一张硬纸，上面画了无数根线，许先生就在这张纸上拿着米度尺画着度数，那表画得和尖尖的小山丘似的，又像尖尖的水晶石，高的低的一排连地站着。许先生虽每天画，但那像是一条接连不断的线，不过从低处到高处，从高处到低处，这高峰越高越不好，也就是鲁迅先生的热度越高了。

　　来看鲁迅先生的人，多半都不到楼上来了，为的请鲁迅先生好好地静养，所以把客人这些事也推到许先生身上来了。还有书、报、信，都要许先生看过，必要的就告诉鲁迅先生，不十分必要的，就先把它放在一处放一放，等鲁迅先生好些了，再取出来交给他。然而，这家庭里边还有许多琐事，比方年老的娘姨病了，要请两天假；海婴的牙齿脱掉一个要到牙医那里去看过，但是带他去的人没有，又得许先生。海婴在幼稚园里读书，又是买铅笔，买皮球，还有临时出些个花头，跑上楼来了，说要吃什么花生糖，什么牛奶糖，他上楼来是一边跑着一边喊着，许先生连忙拉住了他，拉他下了楼，才跟他讲："爸爸病啦。"而后拿出钱来，嘱咐好了娘姨，只买几块糖，而不准让他格外的多买。

收电灯费的来了，在楼下一打门，许先生就得赶快往楼下跑，怕的是再多打几下。

海婴最喜欢听讲故事，这也是无限的麻烦，许先生除了陪海婴讲故事之外，还要在长桌上偷一点工夫来看鲁迅先生为有病耽搁下来尚未校完的校样。

在这期间，许先生比鲁迅先生更要担当一切了。

鲁迅先生吃饭，是在楼上单开一桌，那仅仅是一个方木桌，许先生每餐亲手端到楼上去，每样都用小吃碟盛着，那小吃碟直径不过二寸，一碟豌豆苗或菠菜或苋菜，把黄花鱼或者鸡之类也放在小碟里，端上楼去。若是鸡，那鸡也是全鸡身上最好的一块地方拣下来的肉；若是鱼，也是鱼身上最好一部分，许先生才把它拣下放在小碟里。

许先生用筷子来回地翻着楼下的饭桌上菜碗里的东西，菜拣嫩的，不要茎，只要叶、鱼肉之类，拣烧得软的，没有骨头没有刺的。心里存着无限的期望，无限的要求，用了比祈祷更虔诚的目光，许先生看着她自己手里选得精精致致的菜盘子，而后脚板触了楼梯上了楼。

希望鲁迅先生多吃一口，多动一动筷，多喝一口鸡汤。鸡汤和牛奶是医生所嘱的，一定要多吃一些的。

把饭送上去，有时许先生陪在旁边，有时走下楼来又做些别的事，半个钟头之后，到楼上去取这盘子。这盘子装的满满的，有时竟照原样一动也没有动又端下来了，这时候许先生的眉头微微地皱了一点。旁边若有什么朋友，许先生就说："周先生的热度高，什么也吃不落，连茶也不愿意吃，人很苦，人很吃力。"

有一天，许先生用波浪式的专门切面包的刀切着面包，是在客厅后边方桌上切的，许先生一边切着一边对我说："劝周先生多吃东西，周先生说，人好了再保养，现在勉强吃也是没有用的。"

许先生接着似乎问着我：

"这也是对的？"

而后把牛奶面包送上楼去了。一碗烧好的鸡汤，从方盘里许先生把它端出来了，就摆在客厅后的方桌上。许先生上楼去了，那碗热的鸡汤在方桌上自己悠然地冒着热气。

许先生由楼上回来还说呢：

"周先生平常就不喜欢吃汤之类，在病里，更勉强不下了。"

许先生似乎安慰着自己似的。

"周先生人强，喜欢吃硬的，油炸的，就是吃饭也喜欢吃硬饭……"

许先生楼上楼下地跑，呼吸有些不平静，坐在她旁边，似乎可以听到她心脏的跳动。

鲁迅先生开始独桌吃饭以后，客人多半不上楼来了，经许先生婉言把鲁迅先生健康的经过报告了之后就走了。

鲁迅先生在楼上一天一天地睡下去，睡了许多日子，都寂寞了，有时大概热度低了点，就问许先生：

"什么人来过吗？"

看鲁迅先生好些，就一一地报告过。

有时也问到有什么刊物来吗？

鲁迅先生病了一个多月了。

证明了鲁迅先生是肺病，并且是肋膜炎，须藤老医生每天来了，为鲁迅先生把肋膜积水用打针的方法抽净，共抽过两三次。

这样的病，为什么鲁迅先生一点也不晓得呢？许先生说，周先生有时觉得肋痛了就自己忍着不说，所以连许先生也不知道，鲁迅先生怕别人晓得了又要不放心，又要看医生，医生一定又要说休息。鲁迅先生自己知道做不到的。

福民医院美国医生的检查，说鲁迅先生肺病已经二十年了。这次发了，怕是很严重。

医生规定个日子，请鲁迅先生到福民医院去详细检查，要照X光的。

但鲁迅先生当时就下楼是下不得的，又过了许多天，鲁迅先生到福民医院去检查病去了。照X光后，给鲁迅先生照了一个全部的肺部的照片。

这照片取来的那天，许先生在楼下给大家看了，右肺的上尖是黑的，中部也黑了一块，左肺的下半部都不大好，而沿着左肺的边边黑了一大圈。

这之后，鲁迅先生的热度仍高，若再这样热度不退，就很难抵抗了。

那查病的美国医生，只查病，而不给药吃，他相信药是没有用的。

须藤老医生，鲁迅先生早就认识，所以每天来，他给鲁迅先生吃了些退热药，还吃停止肺病菌活动的药。他说若肺不再坏下去，就停止在这里，热自然就退了，人是不危险的。

在楼下的客厅里，许先生哭了。许先生手里拿着一团毛线，那是海婴的毛线衣拆了洗过之后又团起来的。

鲁迅先生在无欲望状态中，什么也不吃，什么也不想，睡觉似睡非睡的。

天气热起来了，客厅的门窗都打开着，阳光跳跃在门外的花园里。麻雀来了，停在夹竹桃上，叫了三两声就飞去，院子里的小孩们唧唧喳喳地玩耍着，风吹进来好像带着热气，扑到人的身上，天气刚刚发芽的春天，变为夏天了。

楼上老医生和鲁迅先生谈话的声音隐约可以听到。

楼下又来客人，来的人总要问："周先生好一点吗？"

许先生照常说："还是那样子。"

但今天说了,眼泪又流了满脸。一边拿起杯子来给客人倒茶,一边用左手拿着手帕按着鼻子。

客人问:"周先生……"

许先生说:"没有的,是我心窄。"

过了一会,鲁迅先生要找什么东西,喊许先生上楼去,许先生连忙擦着眼睛,想说她不上楼的,但左右看了一看,没有人能代替了她,于是,带着她那团还没有缠完的毛线球上楼去了。

楼上坐着老医生,还有两位探望鲁迅先生的客人。许先生一看了他们,就自己低了头,不好意思地笑了,她不敢到鲁迅先生的面前去,背转着身问鲁迅先生要什么呢,而后又是慌忙地把线缕挂在手上缠了起来。

一直到送老医生下楼,许先生都是把背向着鲁迅先生而站着的。

每次老医生走,许先生都是替老医生提着皮提包送到前门外的。许先生愉快地、沉静地带着笑容打开铁门闩,很恭敬地把皮包交给老医生,眼看着老医生走了,才进来关了门。

这老医生出入在鲁迅先生的家里,连老娘姨对他都是尊敬的。医生从楼上下来时,娘姨若在楼梯的半道,赶快下来躲开,站到楼梯的旁边。有一天,老娘姨端着一个杯子上楼,楼上医生和许先生一道下来了,那老娘姨躲闪不灵,急得把杯里的茶都颠出来了。等医生走过去,已经走出了前门,老娘姨还在那里呆呆地望着。

"周先生好了点吧?"

有一天，许先生不在家，我问着老娘姨，她说："谁晓得，医生天天看过了不声不响地就走了。"

可见，老娘姨对医生每天是怀着期望的眼光看着他的。

许先生很镇静，没有紊乱的神色，虽然说那天当着人哭过一次，但该做什么，仍是做什么，毛线该洗的已经洗了，晒的已经晒起，晒干了的，随手就把它团起团子。"海婴的毛线衣，每年拆一次，洗过之后再重打起，人一年一年地长，衣裳一年穿过，一年就小了。"

在楼下陪着熟的客人，一边谈着，一边开始手里动着竹针。

这种事情许先生是偷空就做的，夏天就开始预备着冬天的，冬天就做夏天的。

许先生自己常常说："我是无事忙。"

这话很客气，但忙是真的，每一餐饭，都好像没有安静地吃过。海婴一会要这个，要那个；若一有客人，上街临时买菜，下厨房煎炒还不说，就是摆到桌子上来，还要从菜碗里为着客人选好的夹过去。饭后又是吃水果，若吃苹果，还要把皮削掉；若吃荸荠，看客人削得慢而不好，也要削了送给客人吃。那时鲁迅先生还没有生病。

许先生除了打毛线衣之外，还用机器缝衣裳，剪裁了许多件海婴的内衫裤在窗下缝。

因此，许先生对自己忽略了，每天上下楼跑着，所穿的衣裳都是旧的，次数洗得太多，纽扣都洗脱了，也磨破了，都是几年前的旧衣裳，春天时许先生穿了一个紫红宁绸袍子，那料子是海婴在婴孩时候，别人送给海婴做被子的礼物。做被子，许先生说很可惜，就拣起来做一件袍子。正说着，海婴来了，许先生使眼神，且不要提到，若提到，海婴又要麻烦起来了，一要说是他的，他就要要。许先生冬天穿一双大棉鞋，是她自己做的。一直到二三月，早晚冷时还穿着。

有一次，我和许先生在小花园里拍一张照片，许先生说她的纽扣掉了，还拉着我站在她前边遮着她。

许先生买东西也总是到便宜的店铺去买，再不然，到减价的地方去买。

处处俭省，把俭省下来的钱，都印了书和印了画。

现在许先生在窗下缝着衣裳，机器声格哒格哒的，震着玻璃门有些颤抖。

窗外的黄昏，窗内许先生低着的头，楼上鲁迅先生的咳嗽声，都搅混在一起了，重续着、埋藏着力量。在痛苦中，在悲哀中，一种对于生的强烈的愿望，站得和强烈的火焰那样坚定。

许先生的手指把提了在缝的那张布片，头有时随着机器的力量低沉了一两下。

许先生的面容是宁静的、庄严的、没有恐惧的，她坦荡的在使用着机器。

海婴在玩着一大堆黄色的小药瓶，用一个纸盒子盛着，端起来楼上楼下地跑。向着阳光照是金色的，平放着是咖啡色的，他招集了小朋友来，他向他们展览，向他们夸耀，这种玩艺只有他有，而别人不能有。他说：

"这是爸爸打药针的药瓶，你们有吗？"

别人不能有，于是，他拍着手骄傲地呼叫起来。

许先生一边招呼着他，不叫他喊，一边下楼来了。

"周先生好了些？"

见了许先生，大家都是这样问的。

"还是那样子，"许先生说，随手抓起一个海婴的药瓶来："这不是么，这许多瓶子，每天打针，药瓶也积了一大堆。"

许先生一拿起那药瓶，海婴上来就要过去，很宝贵地赶快把那小瓶摆到纸盒里。

在长桌上摆着许先生自己亲手做的蒙着茶壶的棉罩子，从那蓝缎子的花罩下拿着茶壶倒着茶。

楼上楼下都是静的了，只有海婴快活的和小朋友们的吵嚷，躲在太阳里跳荡。

海婴每晚临睡时必向爸爸妈妈说："明朝会！"

有一天，他站在先生……

"爸爸，明朝会！"

鲁迅先生那时正病的沉重，喉咙里边似乎有痰，那回答的声音很小，海婴没有听到，于是，他又喊："爸爸，明朝会！"他等一等，听不到回答的声音，他就大声地连串地喊起来：

"爸爸，明朝会，爸爸，明朝会，……爸爸，明朝会……"

他的保姆在前边往楼上拖他，说是爸爸睡下了，不要喊了。可是，他怎么能够听呢，仍旧喊。

这时，鲁迅先生说"明朝会"，还没有说出来，喉咙里边就像有东西，在那里堵塞着，声音无论如何放不大。到后来，鲁迅先生挣扎着把头抬起来，才很大声地说出：

"明朝会，明朝会。"

说完了就咳嗽起来。

许先生被惊动得从楼下跑来了，不住地训斥着海婴。海婴一边哭着一边上楼去了，嘴里唠叨着：

"爸爸是个聋人哪！"

鲁迅先生没有听到海婴的话，还在那里咳嗽着。

鲁迅先生在四月里，曾经好了一点，有一天下楼去赴一个约会，把衣裳穿的整整齐齐，手下夹着黑花布包袱，戴起帽子来，出门就走。

许先生在楼下正陪客人，看鲁迅先生下来了，赶快说：

"走不得吧，还是坐车子去吧。"

鲁迅先生说："不要紧，走得动的。"

许先生再加以劝说，又去拿零钱给鲁迅先生带着。

鲁迅先生说不要不要，坚决地走了。

"鲁迅先生的脾气很刚强。"

许先生无可奈何的，只说了这一句。

鲁迅先生晚上回来，热度增高了。

鲁迅先生说：

"坐车子实在麻烦，没有几步路，一走就到。还有，好久不出去，愿意走走……动一动就出毛病……还是动不得……"

病压服着鲁迅先生又躺下了。

七月里，鲁迅先生又好些。

药每天吃，记温度的表格照例每天好几次在那里画，老医生还是照常地来，说鲁迅先生就要好起来了。说肺部的菌已经停止了一大半，肋膜也好了。

客人来，差不多都要到楼上来拜望拜望。鲁迅先生带着久病初愈的心情，又谈起话来，披了一张毛巾子，坐在躺椅上，纸烟又拿在手里了，又谈翻译，又谈某刊物。

一个月没有上楼去，忽然上楼还有些心不安，我一进卧室的门，觉得站也没地方站，坐也不知坐在哪里。许先生让我吃茶，我就依着桌子边站着，好像没有看见那茶杯似的。

鲁迅先生大概看出我的不安来了，便说：

"人瘦了，这样瘦是不成的，要多吃点。"

鲁迅先生又在说玩笑话了。

"多吃就胖了，那么周先生为什么不多吃点？"

鲁迅先生听了这话就笑了，笑声是明朗的。

从七月以后，鲁迅先生一天天地好起来了，牛奶、鸡汤之类，为了医生所嘱，也隔三差五地吃着，人虽是瘦了，但精神是好的。

鲁迅先生说自己体质的本质是好的，若差一点的，就让病打倒了。

这一次，鲁迅先生保持了很长时间，没有下楼，更没有到外边去过。

在病中，鲁迅先生不看报，不看书，只是安静地躺着。但有一张小画，是鲁迅先生放在床边上不断看着的。

那张画，鲁迅先生未生病时，和许多画一道拿给大家看过的，小得和纸烟包里抽出来的那画片差不多。那上边画着一个穿大长裙子飞散着头发的女人在大风里边跑，在她旁边的地面上还有小小的红玫瑰的花朵。

记得是一张苏联某画家着色的木刻。

鲁迅先生有很多画，为什么只选了这张放在枕边？

许先生告诉我的，她也不知道鲁迅先生为什么常常看这小画。

有人来问他这样那样的，他说："你们自己学着做，若没有我呢！"

这一次，鲁迅先生好了。

还有一样不同的，觉得做事要多做……

鲁迅先生以为自己好了，别人也以为鲁迅先生好了。

准备冬天要庆祝鲁迅先生工作三十年。

又过了三个月。

一九三六年十月十七日，鲁迅先生病又发了，又是气喘。

十七日，一夜未眠。

十八日，终日喘着。

十九日的下半夜，人衰弱到极点了。天将发白时，鲁迅先生就像他平日一样，工作完了，他休息了。

一九三九年十月